「若者」をやめて、「大人」を始める

「成熟困難時代」をどう生きるか？

A Good Approach To Psychosocial Development

熊代亨
Kumashiro Toru

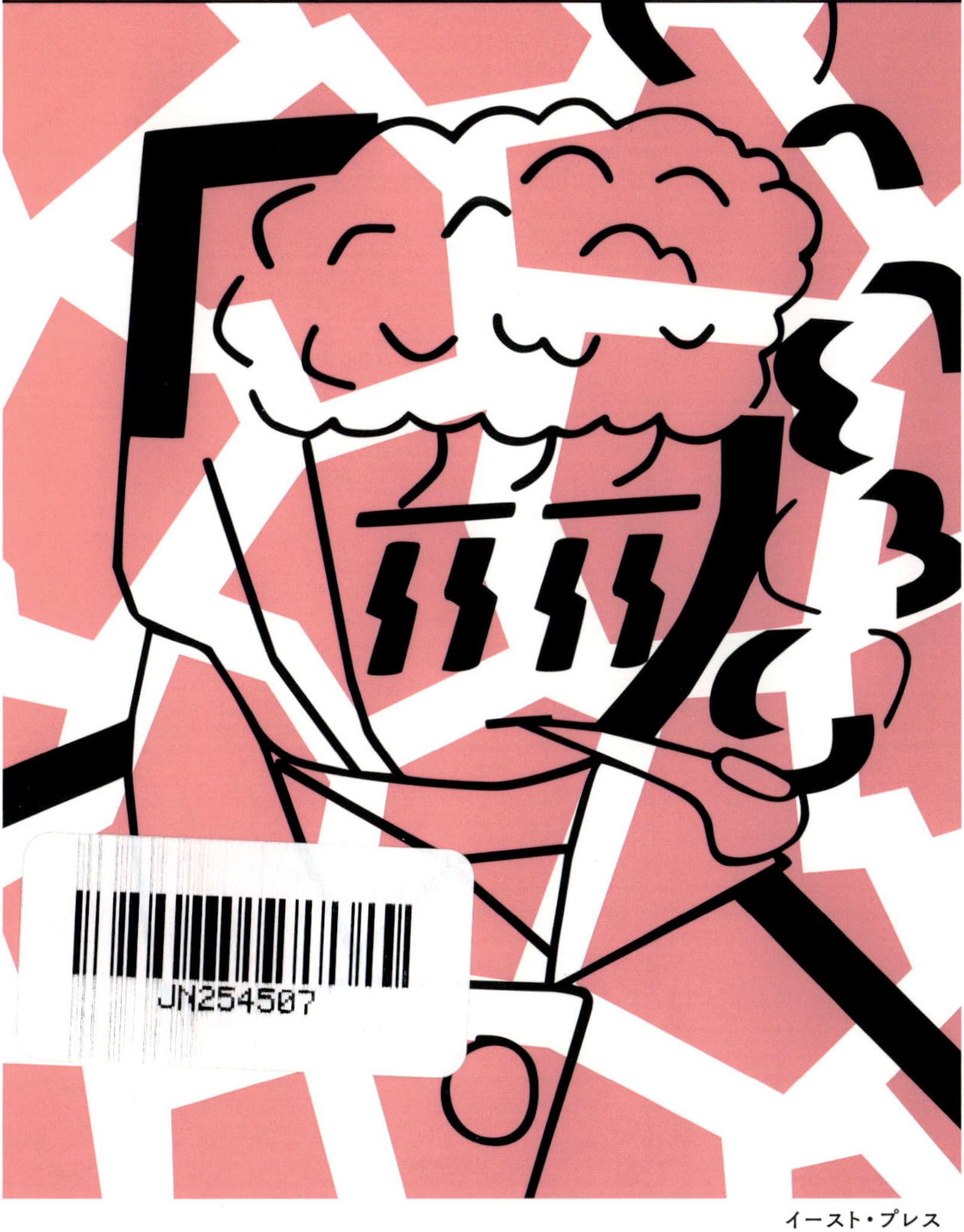

イースト・プレス

Illustration : **Colliu**

「若者」をやめて、「大人」を始める

「成熟困難時代」をどう生きるか？

熊代亨

はじめに

人間は、子どもとして生まれ、やがて「若者」になり、いつか「大人」の仲間入りをして、最後には年老いて死んでいきます。

最近は健康なお年寄りが増え、アンチエイジングも盛んになりましたが、それらをもってしてもこの順番は覆せません。生まれが早い人から歳を取り、年老いた者から順番に死んでいくのが生物としての人間の宿命です。だからこそ人は命を大切にすると言えますし、自分が生きていられる残り時間の少なさに気付いた人はその時間を大切にしようとします。

ところが、社会的存在としての人間はそれほどシンプルに「若者」から「大人」に変わっていきません。

世の中には、いつまでも「若者」のように歳を取っていく人がいます。

自分が20代だった頃に流行っていたものを年下世代にも押し付けて、それが当たり前だと思っている40代。経験不足な年少者を蹴散らし、搾取すらして、自分のポジションにしがみつき続ける50代。あるいは、長年かけて手に入れた財産やノウハウを自分自身のためだけに使い続ける60代……などなど。

他方で、生物として若いうちから「大人」になっていく人もいます。たとえば20代から家庭を切り盛りし、子どもの世話や地域の活動に力を注いでいる人は、若いうちから社会的存在としての「大人」の役割を引き受けていると言えそうです。また、後輩の面倒を見たり組織の発展やマネジメントに尽くしたりしている人も、自分自身の成長や自立に無我夢中になっている人に比べて「大人」という言葉が似つかわしいでしょう。そうして次第に「大人」らしさを身にまとっていく同世代を見て、「焦り」のような感情が心をよぎったことのある人もいらっしゃるのではないかと思います。

そもそも、「大人」とは一体どういう存在でしょうか?

数年前に私は、「歳の取り方がわからなくなった現代社会」について一冊の本を書きました。

現代社会には「子ども」と「若者」、「若者」と「大人」、「大人」と「高齢者」をはっきり区別する境界線がありません。世間には40代になっても「女子」を名乗っている人や、還暦を迎えても「若者」のつもりで暮らしている人もたくさんいます。20代や30代の人などは「大人」という括りで扱われる場面もあれば、「若者」という括りで扱われることもありますし、ときには「子ども」扱いされることさえあります。

歳の取り方が不明瞭になったことで、年齢に縛られず自由に暮らせるようになった反面、年齢を節目としてライフスタイルをシフトチェンジすることも難しくもなりました。そういう現代社会のなかでうまく歳を取っていくことの難しさについてまとめたわけです。

ただ、「歳を取ることの難しさ」については十分書けたものの、「歳を取ることの面白さ」や「歳の取り甲斐」についてはあまり触れられませんでした。そして私自身が年齢を重ね、「大人」としての役割に慣れてくるにつれて、「大人」の面白さや魅力について多くのことに気付くようになり、そうした気付きを年下の人たちに伝えたいと願うようになりました。「若者」から「大人」へのシフトチェンジの時期に的を絞り、人生論として内容をアップデートすれば、いま「大人」の階段にさしかかっている人に届けるべきメッセージになるのではないか――この本は、そういう意図のもとで書き起こしたものです。

現在の私は43歳ですから、50代や60代になったときの境地を体験したわけではありません。そのかわり、「若者」をやめて「大人」が始まった頃の気持ちは生々しく覚えていますし、「若者」側だった頃と「大人」になってからがどんな風に違うのか、いちばん言語化しやすい時期だと思っています。「若者」と「大人」の過渡期について語るなら、いまの私が適齢期でしょう。

30代の頃の私は「若者」を終えたあとにやって来る心境や状況がどういうものなのかを知るために、心理発達についての専門書を読み漁《あさ》っていました。知識先行とはいえ、これから歳を取ったら心理的にどう変わり得るのかをあらかじめ知っておけたことは、私自身が「大人」になっていく際の助けになったように思います。

それと同じように、これから「若者」をやめて「大人」になっていく人がこの本を読めば、多少なりとも「大人」になってからの変化を知識としてプリインストールすることができて、歳を重ねていく際の助けになることでしょう。知りもしないまま「大人」のマイナス面に漠然と不安を感じているより、少しでも多くのことを知ってプラスの面にも目を向けたほうが、歳を取ることへの不安は少なくなり、「大人」になってからの変化を前提とした行動も取りやすくなるのではないでしょうか。

私が年齢を重ねて改めてわかったことは、「大人」のかたちにはいろいろなバリエーションがあり、「大人」として課せられるべきものや、背負っているものは人それぞれ異なるということでした。

「大人」とは、「若者」が想像するイメージよりもずっと多様で、心理発達の教科書に書かれたテンプレートどおりのものではない存在だといまの私は理解しています。年下世代を育てるのはいかにも「大人」らしいことですが、それだけが「大人」というわけではありません。しかし同時に、どんな人生を歩んできた中年といえども「大人」とは無縁でいられないこと、「大人」になることとは取り返しのつかないものでもあり、かけがえのないものでもあるとも認識しています。

この本を通して私は、さまざまでかけがえのない「大人」とはなんなのか、「若者」をやめて「大人」が始まると何が起こるのかを紹介していきます。「若者」から「大人」へと変わるうちに、仕事や趣味との付き合い方、恋愛や結婚に対する考え方も大きく変わっていくことで、「若者」だった頃には悲観的に思えた要素が安定感や充実感の源に変わっていくことさえあります。

いま、20代～30代を迎えている人のなかには、「大人」になることの負担や責任を心配したり、加齢による衰えを怖がったりしている人も多いのではないかと思います。事実、「若者」をやめて「大人」を始めることで負担や責任が大きくなることは十分あり得ますし、加齢による衰えは決して否定できません。

けれども、そういったマイナスの部分ばかりに目を向けて、実際に年齢を重ねてから気付くプラスの部分を知らないままでいるのはもったいないことではないでしょうか。どうせ、誰しもが必ず歳を取るのです。マイナスの部分に怯えて過ごすよりもプラスの部分を積極的に伸ばして、充実した「大人」を目指してみませんか。歳を取って「大人」になることの良い面をしっかり拾い上げて、歳を取っただけの甲斐のある人生を作ってみませんか。

「若者」をやめて「大人」になることに不安がついてまわるのは当然です。なにせ、思春期から慣れ続けてきたひとつのライフスタイルをやめて、そうではない何者かにシフトチェンジするわけですから。とはいえ、「若者」をいつまでも延長し続けるのもそれはそれで不自然ですし、大人の階段を昇っていく周囲の人たちとの差が気になることもあるでしょう。

私は、そういった気持ちを抱えている人たちに、「若者」を終えて「大人」になるのもそんなに悪いものじゃないし、これはこれで面白い境地ですよ、ということを伝えたいのです。

「大人」になりきれていないと感じる人、いままさに「若者」と「大人」の境界線を渡ろうとしている人の行く先を、ほんの少しだけ照らせるような本を書いたつもりです。人生の少し先の風景を、ちょっと覗いてみませんか。

目次

（第3章）「大人のアイデンティティ」への軟着陸

（第4章）

上司や先輩を見つめるポイント…107

（第5章）

後輩や部下に接するとき、どう振る舞うか…133

（第6章）

「若者」の恋愛、「大人」の結婚

第1章

「若さ志向」から「成熟志向」へ

40歳を過ぎた自分のことを想像できますか

あなたは、中年になった頃の自分が何をしていて、どんなことを考えているのか想像できますか。

かつて「若者」だった私の場合、10年後の自分について想像するのも困難でした。20代の私は医学生だったので、進路についてはそれほど悩む必要はなかったと言えるでしょう。それでも、親の勧めでなんとなく医学部に入ったこともあってか、自分が白衣を着て〝お医者さま〟をやっている未来がイメージできませんでした。目の前のテストに苦しみ、実習でもヘマをやらかしてばかりの自分が、そもそも無事に卒業して医師免許証をもらえるのか？　もらえたとしても、社会に適応して生きていけるのか？　まったく自信がありませんでした。

30代になり、多少は仕事ができるようになって、いくらか世渡りの仕方がわかりはじめたあとも、それはあまり変わりませんでした。予測できるのは、変わらず精神科医として働いているであろうこと、体力的には衰えているだろうことぐらいで、私生活や趣味がどうなっているのかは想像もできませんでした。

当時の私はゲームを愛してやまないひとりのオタクとしての生活と、精神科医としての生活をぎりぎり両立させていました。しかし、「10年後の自分はゲームを続けられないのではないか」とも感じていました。結婚について考えるべき年齢でもありましたが、義務や責任ばかりが想像されて、暗い気持ちになったものでした。

ソクラテスは結婚について悩んでいる人に対して「結婚しても結婚しなくても、君は後悔することになるだろう」と言ったそうです。当時の私はまさにそんな感じで、結婚しようがしまいが、**どう歳を取っても未来が先細りになる**ような気がしていました。じきに「若者」ではなくなるという事実を、私は直視できなかったのです。

こうした感覚は決して珍しいものではないようです。たとえば、ツイッターの検索バーに「30歳になったら死ぬ」と入力してみると、自分の未来について真面目に考えたくなくて、「30歳になったら死ぬ」で思考停止している人がたくさん見つけられるでしょう。40代についても同様で、歳を取った未来の自分について考えたくない人、絶望的にならざるを得ない人は、いまも昔もよくいます。

「30歳になったら死ぬ」という思考停止を、駄目だと言う資格は私にはありません。なぜなら、若かった頃の私も似たようなものだったからです。

この本を読み進めていただくとわかることですが、歳を取るというのは決して悪いことばかりではありません。若さが失われるかわりに、昔はわからなかったことがわかるようになり、知識や経験が蓄積していく側面を伴っています。中年になればこそ、できること、やりやすくなることもたくさんあります。「歳を取りたくない」「若者のままでいたい」と考えてしまう人たちが思うほどには、未来は絶望的ではありません。

もちろん、歳を取ることで失われるもの、もうできなくなってしまうものもあります。たとえば「どんな自分にもなれそうな可能性」などは、歳を取れば取るほど減っていきますし、そういった喪失が、あなたがたには恐怖の対象になるというのもわかっているつもりです。しかし、**あなたがたが恐れてやまないその喪失が、ぐるりと回って、40代ならではのアドバンテージを生み出している**といったことは、意外と語られていないように思います。

若さがすり減って自分の可能性が狭くなった中年の境地に、どういったアドバンテージがあるのでしょうか。まだ、おじさんやおばさんとして生きてみたことのない人には、疑わしく思えるかもしれません。

けれども、若者の視点からは見えないこと、若者のうちは考えもしなかったことが、中年の頃になって見えたり考えられたりすることは、本当にあるのです。「どんな仕事をしているか」「結婚しているかどうか」といった表向きの変化だけでなく、**自分が何を希望にして生きていくのか、何を不安に思いながら生きていくのか**も、「若者」をやめて「大人」を始めるにつれて大きく変化します。それに伴って、世の中の見え方や生き甲斐も、ずいぶんと変わります。

そういった心境の変化について、20〜30代の頃の私はまったく想定できていませんでした。おそらく、あなたも想定しきれていないのではないかと思います。

誰しも必ず歳を取っていく以上、どうせなら、失われるものにばかりとらわれて悲観的になるのでなく、獲得していくものも意識しながら、もっと積極的に歳を取っていく視点があっても良いのではないでしょうか。少なくとも私はそのように考えて、この本を書いているわけです。

「若者」であり続けることの限界

時の流れは早く、歳月は人を待ってはくれません。

小学生時代などを思い出していただければわかると思いますが、子どもの頃の1年はとても長く、重いものでした。中学、高校時代も、それぞれの3年間は体感としては長く、いまから思い出せば些細に思えることにも深く悩んでいたことでしょう。

就職後も、最初の1年は翻弄されるように過ぎていきます。その間、過去を振り返っている余裕はほとんどありません。学生時代も含めて、とにかく現在に追い回されて、現在に食らいついていくのが「若者」の日々の暮らしですし、それでこその「若者」でしょう。

ただ、そうやって目の前の現在に追い回されているうちに、いつの間にか数年が経ってしまい、**気が付けば徹夜が辛くなっていたり、居酒屋やカラオケボックスで大きな声で騒いでいた頃が遠くに感じられたりする**わけです。

趣味の面でも、歳月は人を押し流していきます。

たとえばいま、当たり前のように深夜アニメを見ている人、ウェブ小説やソーシャルゲームを楽しんでいる人たち。あなたがたが、そうやって空気を吸うように最新のコンテンツを楽しんでいられるのは、若いうちだけかもしれません。まだ気付いていないかもしれませんが、**歳を取ってくるにつれて、最新のコンテンツを空気のように吸い込めなくなる**のです。深呼吸をするときのように、しっかり意識して吸収しないと、コンテンツが自分のなかに入ってこなくなります。

仕事の面でも、歳月は人を待ってくれません。いくらか仕事がわかるようになった頃には、もう年下の新人が入社していて、あなたのことを「先輩」と呼ぶようになっています。そして数年前のあなた同様、先輩から何かを学びたい、適切な指示をもらいたいという顔をしています。

転職や退職をしても事態はあまり変わりません。「○○歳の転職組」「○○歳の再就職組」といった目線であなたは世間から見られます。

昨今はアンチエイジングに夢中になる人も多いようです。外見や肉体機能を若く保つこと自体は悪いことではないと思います。しかし、いくらアンチエイジングしようとも、履歴書に書く年齢や、企業や社会のなかの自分の立ち位置までは、アンチエイジングできません。

どんなに外見や肉体機能を若く保っても、あなたが「社会的に年齢相応のエイジング」ができているかどうか――つまり、**〝年の功〟を積んだ「大人」たり得ているのかは、世間から、なにより年下から、容赦なく問われ続ける**ことでしょう。

その証拠として、あなたがたが年上世代を見るときの目線を思い出してみてください。「大人」のはずなのに「大人」っぽくない中年や老年を見かけたとき、「大人気ない」とか「老害」といった言葉を思い浮かべることは多いかと思います。しかし、いまそうやって年上の人たちをあれこれ批評しているあなたがたも、心しておかなければなりません。

一生懸命に現在を生きて、忙しく「若者」として過ごしているうちに、あなたもいつしかおじさんやおばさんになります。そして今度は、自分よりも年下の世代から、年上としてふさわしい振る舞いができているのか批評される立場に回ることになるのです。

もしあなたが、おじさんやおばさんになったにも関わらず、「若者」という立場にしがみつき、大人気ない振る舞いを繰り返していれば、周囲はそういうものとしてあなたのことを眺めるでしょうし、年下から「老害」とみなされても、文句を言える筋合いではありません。

こういった点まで踏まえるなら、人間とは、歳月の流れに逆らって生きることはできず、生物としても、社会的存在としても、エイジングを避けて通れない存在だと考えざるを得ません。

ゲームが教えてくれた転機

私がまだ「若者」だった頃（具体的には1990年代〜2000年代ぐらい）は、身も心もできるだけ「若者」であり続けることがベストで、**「若者」こそが人間が生きていくためのロールモデルだと言わんばかりの社会風潮**が続いていました。「若者」を賛美する風潮は戦後間もなくからありましたが（詳しくは第2章で述べます）、「大人」のおじさんやおばさんがいよいよ見向きもされなくなったのは、バブル景気のあたりからと記憶しています。

たとえば、男性ならジャニーズが、女性ならアイドル歌手や女子アナのような――そう、〝女性〟ではなく〝女子〟アナです――、何歳になってもおにいさんやおねえさんの姿のままの、おじさんやおばさんにはならないようなキャラクターが理想のシンボルとされてきました。

そういった考え方がより極端に表れていたのが、数年前に話題となった、〝チョイ悪オヤジ〟や〝アラフォー女子〟です。現在も40代〜60代のなかには、そのような「若者」至上主義的な考え方の人をときどき見かけます。

しかし私には、そうした「若者」をいつまでも続けていく社会風潮がどうしても信じられませんでした。

信じられなかった理由のひとつは、私が浄土真宗の信仰が息づいている北陸の片田舎に育ったからだと思います。私の田舎では子ども時代からお坊さんの話を聞くのが当たり前だったので、諸行無常をはじめとする仏教的な価値観がプリインストールされていました。

しかしそれ以上に大きかったのは、20代の後半からゲームの腕前が少しずつ衰えていくのを肌で感じていたことだったと思います。

私はファミコン時代からゲームばかりやっていて、学生時代には典型的なゲームオタクになっていました。大学よりもゲーセンで長い時間を過ごし、難易度の高いゲームに挑戦し続けた結果、全国のプレイヤーとハイスコアを競うようになり、さながらアスリートのようにゲームに没頭していたものです。それがために、私は20代の後半あたりから自分の動体視力や集中力の衰えを気にするようになりました。

当時の私は、ファッションにも気を配りはじめたところでしたが、ファッションを知るにつれて「外見はごまかせてもゲームの腕はごまかせない」という事実を痛感させられました。つまり、どんなに外見を繕《つくろ》っても、ひと回り若いプレイヤーと同じようにはなれないのです。年上のプレイヤーを見習い、動体視力や集中力になるべく頼らないプレイスタイルを身に付けるよう努めはじめたのもこの頃からです。

加えて、ひとりの精神科医として、ひとりの家庭人として、やるべきことが増えるにつれて、遊んでばかりもいられなくなってきました。私の世代のオタクの常として、ゲームだけでなく、アニメやライトノベルなども私はひととおり楽しんできましたが、それらを全部、いままでどおりにたしなむのは、時間的にも体力的にも不可能だと悟ったのです。

そういった実体験がもとになって、私は「若者」のままのスタンスでは危ない——少なくとも、どこかで変わらなければきっとこれは続かないから、自分は変わらなければならない——と思い至りました。

変わるべきときに変わらなければ危ない

ここまでお読みになって「ゲームオタクが歳を取って衰退しただけじゃないか」「お前が〝ぬるい〟オタクになっただけじゃないか」と思った人もいらっしゃるでしょう。30代になってからの私が趣味人として〝ぬるく〟なったのは事実です。

その反面、もし私が20代以前と同じようにゲーセンに通い続け、アニメやライトノベルにもいままでどおりに時間をかけていたら、**私は精神科医としての立場や家庭人としての立場をこなしきれないか、あまりの負担に心身を損ねていたのではないか**と思います。

「若者」から「大人」になるにつれて、なすべきことも自分の立ち位置も変わっていくのに、もし、「若者」のライフスタイルを貫徹しようとしたらどうなるのか？　精神科の診察室で、それに近い実例に遭遇することがあります。

（ケース1）33歳、女性

Aさんは33歳の会社員で、夜眠れなくなり、意欲や集中力が低下していることを主な症状として受診されました。

Aさんは子ども時代から活発で、学業成績も良く、国立大学を卒業後は一部上場企業に就職しました。コミケで出会った夫と26歳のときに結婚して、ふたりの子どもをもうけました。育児休暇制度や保育園を利用し、夫も子育てに協力的だったので、就職先の企業もやめることもなく、順調な人生を過ごしているようにも見えました。

ところが32歳になった頃から、Aさんは疲労感や集中力の低下を自覚するようになりました。運転中に居眠りをしてしまい、危険を感じたこともあったそうです。ただの疲れだと思ってしばらく放置していましたが、33歳になり、ＰＴＡの役員を引き受けるようになってからは疲労感がひどくなり、不眠や食欲の低下も目立つようになってきたため、精神科を受診しました。

Aさんにお話を伺うと、仕事やＰＴＡの活動にストレスを感じていたわけではなく、発病の前後に大きなトラブルやストレスがかかったわけでもない様子でした。そのかわり、Aさんの日常生活は、あまりにもハードなものでした。

朝早くに起きて、子どもの登校準備をしてから自分も出社。退社時間が遅い日以外は、夕方は子どもの塾帰りに対応したり、家事を受け持ったりしていました。週末になると同人誌の作成やアニメ鑑賞に時間を費やし、ママ友との付き合いにも時間を割き、隙間時間にはLINEやtwitterにも目を通していました。

症状が落ち着いてから、私はAさんとライフスタイルについて話し合いました。「若者」だった頃の活動をいままでどおり続けながら、「大人」になってからの課題も全力で取り組む難しさについて触れると、Aさんにも思い当たるふしがあったようでした。その後、休む時間を作るよう心がけて、身体を壊さないように趣味生活を見直してからは、再発の兆候もなく、半年後に終診としました。

仕事も子育ても趣味もこなし続けたAさんの生活は、ある面では現代人の理想のライフスタイルであるようにも見えます。

しかし、「若者」から「大人」に、年齢的にも立場的にも変わっていったのに、両方を全部こなそうとすれば、無理が生じるのは避けられません。Ａさんの場合、うつ病というかたちで無理が具現化しましたが、これがもし、脳梗塞や心筋梗塞のたぐいだったら、もっと大変なことになっていたでしょう。

女性に限ったことではありませんが、なまじ優秀でバイタリティのある人の場合、「若者」の頃からやっていたことと「大人」になってから始めたことの両方を抱えたままでも、しばらくの間はこなせてしまうことがあります。それでも、**少しずつ歳を取って身体が衰えて、少しずつ社会的な立場や役割が増えてくれば、いつかはすべてを抱えきれなくなる**日がやってきます。

人間が少しずつ歳を取り、少しずつ変わっていくことを踏まえるなら、「若者」の頃にやっていたことを全部抱え続けるのは利口なこととは思えません。それよりも、立場や状況の変化も踏まえながら、あれこれシフトチェンジしていったほうが、人生はずっと生きやすくなります。

「大人」が「若者」と同じように振る舞うと破滅が待っている

それでも「若者」はやめたくない、自分はもっといろいろな体験をしたいし、スキルだって身に付けたい……と、あなたはおっしゃるかもしれません。

年齢にもよりますが、たいていの場合、そういう気持ちの時期には「若者」を続けていたって良いと私は思っていますし、どうせやるなら、悔いが残らないようにやっていただきたいものです。

ただし、「若者」としてのライフスタイルから「大人」へのライフスタイルの移行のタイミングや、立場や役割の変化に無頓着というのも考え物です。

世の中には、「大人」になってから「若者」のように生きようとして、大変なことになってしまう人もいます。

（ケース2）47歳、男性

Bさんは生来健康で、進学も就職も問題なく、情緒も安定していたそうです。地元の有名企業の重要ポストに就き、十数年の結婚生活にも支障はないように思われました。

ところが46歳になったときに、スポーツクラブで知り合った20歳年下の女性と不倫関係を持ってしまい、その頃から「自分の人生はこんなはずではなかった」「人生を再出発したい」と考えるようになったそうです。しかし、妻に離婚を告げたことでBさんの家庭は荒れに荒れて、なかばBさんが追い出されるようなかたちで離婚することになってしまいました。

結局、Bさんは退職には至りませんでしたが、その後は仕事も奮わず、生活も荒んでいき、内科医からアルコール依存症の治療を依頼されるかたちで精神科を受診しました。

診察してみると、アルコールへの依存だけでなくうつ病にも罹っていることがわかり、いったん入院治療が必要と判断されました。これまでの履歴からは、躁うつ病による突発的な行動の可能性は極めて低いと考えられました。

抗うつ薬を用いた治療により、Bさんは約3カ月後には退院できましたが、その後も長い間、1年前の自分の選択を後悔して、心の整理がついたのはずっとあとになってからのことでした。

付き合うパートナーを変えるのも、仕事を変えるのも、「若者」の行動としては珍しくありません。数日の経験、たったひとつの選択で劇的に変化し、トライアンドエラーを繰り返しながら成長していくのが「若者」というものでしょう。また、自分の都合や欲求を最優先に行動できるのも、「若者」の特権だと私は思います。

しかし、結婚して子どもを育て、社会的にも重要な役割を担っている「大人」が、「若者」と同じように振る舞えば多くの問題に直面してしまいます。もう「若者」ではない立場を無視して、自分第一主義でことを進めようとしたら、Bさんのような破局を迎えてしまうかもしれませんし、かりに破局を免れたとしても、周囲の人から「いい歳をして何をやっているんだろう?」と不思議に思われてしまいます。

「大人」を期待されるはずの立場や年齢なのに「大人」とはかけ離れた言動をする中年に対

して、あなたがたは「大人気ない」と言いますし、ときには「老害」とみなすこともあるでしょう。若い頃の私も年上を見る目が厳しかったので、その気持ちはよくわかります。

しかしいま、そうやって「大人」についてあれこれ言っているあなたがたも、どうか心してください。「若者」として忙しく過ごしている人も、やがては年齢が高くなって、何がしかの立場が生じて、責任が伴うようになれば、**今度はあなたがたが、年下の世代から「大人」としてどうなのかを問われる**ことになるのです。

そうなった頃のあなたが、自分の都合や欲求のことしか眼中になく、年上や年下を腐してばかりの人物になったとしたら……今度はあなたが「老害」のそしりを受ける番です。

かくあるべき「大人」の定義とは

では、もっと望ましい、あるべき「大人」とは、一体どのようなものでしょうか。

「大人」というのは曖昧な言葉なので、「大人」に期待されそうな要素を挙げていくときりがありません。

しかし、ひとつの条件、ひとつの定義に絞るなら、私は「**世代や立場が違う人に、その違いを踏まえて対応すること**」を「大人」にあって然るべきものとして挙げます。

自分より年下のこれから成長して立場や役割ができていく人に対して、年上として、またはすでに立場や役割ができあがった人として対応できて、お互いの間に世代の差や価値観の差があることを想定できる人は、もうそれだけで「大人」と言えるのではないでしょうか。

たとえば、電車のなかで赤ちゃんが泣いていて、お母さんが一生懸命に泣き止むように頑張っているのに出くわすことがあります。赤ちゃんという世代や立場の違う他人に、世代の差を踏まえて対処しているお母さんはもちろん「大人」ですが、周りにいて、「うるせーぞ」と言わずに堪えている人たちも、それはそれで「大人」をやっていると私は思います。それは、現代社会のルールに義務付けられた、ごく小さな「大人」の実践でしかないのかもしれませんが、それでも「うるせーぞ」などと言ってしまう人よりは間違いなく「大人」を実践していると言えます。

同様に、高齢者に席を譲ったりするのも小さな「大人」の実践と言えるでしょう。最近は、若者が高齢者に席を譲る姿をよく見かけますが、世代や立場が違う人に、その違いを踏まえて対応しているという意味では、その瞬間、彼らは「大人」を実践していると言えます。

こうした「大人」を特に意識させられるのは、誰かの世話をしているときです。

子育てを例として挙げてみます。

人間の赤ちゃんは、親に全面的に世話される存在として生まれてきます。食事も、着替えも、安全の確保も、排泄も、なにひとつ赤ちゃんは自力ではできません。赤ちゃんにできることといえば、かわいい仕草とスキンシップで親を喜ばせることぐらいのものです。

ただ、そのおかげで、親は赤ちゃんの世話を介して、自分とは世代や立場が違う存在について、非常に多くのことを実感します。自分が世話して、赤ちゃんが世話される――親と子の立場の違い、育てる側と育てられる側の違いがはっきりしていて、これ以上わかりやすく「大人」という立場を実感できるチャンスはほかにありません。

ベテランの上司がまったくの新人を指導して、一人前に育てていくときもそれに近いものがあります。右も左も知らない新人に、仕事のやりかたや業界の泳ぎ方を教えていくとき、まだ経験の浅い年下の人間が、自分が若かった頃に身に付けてきたことにいままさに取り組んでいることが実感されます。

それとともに、自分が新人を育てる責任を引き受ける立場になったことを自覚したり、若かった頃の自分と、目の前の新人との間の微妙な世代間ギャップに気付いたりするかもしれません。そういったことに真摯に向き合っている限り、「大人」としての意識や振る舞いはおのずと身に付いていくことでしょう。

もし、あなたの身の回りで、子どもや後輩、あるいは高齢者に対して、立場や価値観の違いを踏まえて対応していて、だいたいうまくやっている人がいるとしたら、その人は、かなりの「大人」だと思われます。そういった小さな実践を積み重ねることによって、人は少しずつ「大人」になっていく、否、**「大人」を実践することに慣れていく**のではないでしょうか。

心の成熟には順序がある

とはいえ、物事には順序というものもあります。

若い女性が望まない出産をした結果、ネグレクトや虐待に至ったり、両親や祖父母に子どもを任せっきりになってしまったりする例があるように、心の準備も経済的基盤もないまま子育てを始めても、人は「大人」にはなれません。

上司と部下、先輩と後輩といった関係にしても、必ず「大人」を生むとは限りません。部下を使い捨ての駒としか思っていない上司や、後輩に先輩風を吹かせるけれども何も授けない先輩も世の中にはいるでしょう。

また、親や上司として指導熱心ではあっても、自分の世代と年下世代の価値観のギャップや時代の違いを考えに入れられないまま、空回りしている人もたくさんいます。

「大人」をこなせる日が比較的早くにやって来る人もいれば、なかなか来ない人もいます。上手にやってのけられる人もいれば、不器用にしかやってのけられない人もいます。さきに述べたように、いつまでも「若者」ではいられず、やがて「大人」たるべき年齢が近づいてくるのは事実なのですが、さりとて、**「大人」を上手に実践できる時期や程度にはかなりの個人差がある**のもまた事実です。

もしあなたが「自分は『大人』がちっともできていない『若者』だ」と思っていたり、「いま、子どもをもうける心の準備も経済的な基盤もできていない」と考えていたりするなら、「大人」になろうと急ぎすぎる必要はないと思っています。

たとえばいま、あなたがクラスメートと仲良くすることに一生懸命だったり、入社同期と切磋琢磨しながらスキルアップに励むのに夢中になっていたりするなら、それらを優先させても問題はありません。あなたが素晴らしい「大人」に囲まれていて、彼らからスキルやノウハウをものすごい勢いで吸収している真っ最中で、一人前まであと少し……といった場合も同様です。

人生には、自分自身の成長に集中して、自分自身を徹底的に育てあげたほうが良い時期もあります。若い頃は、まさにそのような時期だと言えます。**まだあなたが「若者」として成長するのに大忙しで、年齢的にも余裕があるなら、「大人」を急がなくても構わない**のではないでしょうか。

昔、発達段階説という心理発達のモデルを提唱したエリクソンという学者は、「人間の心理的な成熟には順序があって、学童期には学童期の、思春期には思春期の、成人になってからは成人の、成熟の課題がある」といったことを言っていました。

エリクソンのモデルどおりに考えるなら、学童期にはほかの子どもと一緒に技能を磨いたり勉強したりすることが特に重要で、思春期にはアイデンティティを確立することが、成人期には世話をすることが課題となります（図表1）。

もちろんこれは大雑把なモデルで、それぞれの課題のピークには個人差があることは断っておきます。それでもたいていの人において、成熟の課題が重要になる順序はこのとおりと

図表1　各発達段階における成熟の課題

	発達課題	身につける様式	社会半径
乳児期 （誕生〜）	信頼 vs. 不信	得る／お返しに与える	母親
早期児童期 （18か月頃〜）	自律性 vs. 恥・疑惑	保持する／手放す	父親 母親
遊戯期 （３歳頃〜）	積極性 vs. 罪悪感	思い通りにする／真似する	両親 兄弟姉妹など
学齢期 （５歳頃〜）	生産性 vs. 劣等感	ものを作る／一緒に作る	クラスメート 教師など
思春期 （第二次性徴〜）	アイデンティティ確立 vs. 拡散	私自身であること／“私たち”の共有	遊び集団など
初期成人期 （20歳頃〜）	親密さ vs. 孤立	他者の中で自分を失い、発見する	
成人期 （40歳頃〜）	生殖性 vs. 停滞	世話をする	職場 組織 家庭
老年期 （60歳頃〜）	統合性 vs. 絶望	死の運命に直面する	人類 種族

『自我同一性―アイデンティティとライフサイクル』p216および
『カプラン臨床精神医学テキスト第二版』p226ライフサイクル表より。
一部、著者による表現のアレンジを含む

想定して構いません。成人期の「世話をする」が思春期や学童期の課題よりも前に来ることはなく、もし、周囲の環境などの事情で子どものうちから「世話をする」を強制されれば、どこか歪なメンタルになってしまうとエリクソンは考えていました。

こうした考え方は、この本の「若者」と「大人」の話にもほぼ当てはまります。

「若者」であるべき時期に「若者」として不完全燃焼のまま、無理矢理に「大人」を演じ続けようとして、その歪みが出てしまう中年はそれなりにいます。

自分の思春期に叶えられなかった夢を子どもに託して〝敗者復活戦〟のようにやらせようとする親などは、そのわかりやすい一例と言えます。このタイプの親は、世間的な体裁としては親としての義務を果たしていますし、本人の意識としても「大人」をやっているつもりでいます。しかし、彼らの言動を第三者が観察すると、親としての振る舞いや「大人」としての振る舞いの背景に自己中心的な動機や方向性が透けて見えます。

また、さきほどのBさんのような、中年になってから突然に「若者」をリスタートさせてしまう人にも、「若者」であるべき時期に「若者」をやりきれなかった未練が燻《くすぶ》っていることがしばしばあります。

この本の主旨として、私は、あなたがたに「大人」をどこかで始めてみてほしいと願っていますし、「若者」とは違った「大人」の境遇に、新しい魅力があることを伝えたいと思っています。とはいえ、あなたがたに「大人」になることを急かしすぎるわけにはいきません。

あなたがもし、自分の成長や変化に夢中だったり精一杯だったりするなら、いまはその時間を大切にしてください。さすがに30代の後半〜40代ともなると、生物として歳を取り、社会的な立場も変わってきてしまうので、いやおうにも「大人」が始まってしまいますが、それより若い年齢のうちは必ずしも「大人」を急ぐ必要はありません。

「大人」になることは「喜びの目線」が変わること

ところで、あなたは「大人」になったら夢を失ってしまいそうだとか、四六時中「大人」を実践するのはしんどそうだとか、考えていませんか。

常に新しいものを追いかけ、変化し続け、自分の可能性や欲求を追いかけるのが「若者」で、そうではなく他人の世話をするのが「大人」だとしたら、「大人」とは、なんにも成長せず、なんにも変化せず、世話するばかりで、生きていく価値も面白みもないんじゃないかと、あなたは思うかもしれません。

そういった「若者」の目線で「大人」以後の人生について評価すると、「大人」とは変化がしづらくなって、可能性や欲求を追いかけられなくなった、「若者」の劣化バージョン以下の存在でしかないでしょう。子育てをしている人や、後進の指導にあたっている人のたぐいが、みずから苦労を買っている〝コスパ〟の悪い生き方をしている人のように映るかもしれません。

ところが、「大人」の目線で「大人」を評価するとそうはならないのです。

私が実際に歳を取り、子どもの世話をしたり、年下に対して年齢や立場の違いを意識しながら向き合ったりするようになって気付いたことは、**自分自身の変化や可能性を多少犠牲にしても、世話をした相手が成長し、変わっていくのを見ていると、そこに生き甲斐やモチベーションが強く生まれてくる**ということでした。

30代~40代になると、自分自身の成長や変化の可能性は20代以前ほど豊かなものではなくなってきます。経験や知識が増えることで仕事などの社会的な役割はいままでよりもずっとこなせるようになりますが、一方で20代以前のように急激に成長していくことは少なくなります。

他方で、さきほどゲームの話で触れたように、動体視力や集中力の低下など、肉体的には陰りが生じてきますし、友人や知人のなかにも、病気や事故でリタイアを余儀なくされる人、鬼籍に入る人がちらほら出てきます。学生時代には考えもしなかった、人生の残り時間について思いを馳せる機会も増えるでしょう。

そのような境遇になってみると、自分の子どもや、付き合いのある年下の人間の成長が、とても眩しく、喜ばしく感じられるようになってきます。実際問題、自分自身に100の労力を費やしても、せいぜい10しか成長しないところが、20代の若者の成長を手助けすれば20も30も伸びてくれる可能性が見込めるのです。幼い子どもなら、100以上の成長が期待できたりもします。

そのうえ年下の人たちは、きっと私自身よりも長く生きるわけですから、伸ばした才能や能力を私よりも長く使い続けられるでしょう。それなら、たとえば私自身の成長のために100の労力の全部を割り当てるのでなく、自分の子どもや年下の成長にも労力を振り分けたほうが、**トータルでは喜びや幸せが増える**のではないでしょうか。それが、自分が親しみを感じている子どもや年下の成長ならばなおさらです。

自分自身こそが肝心な「若者」の視点で考えるなら、「若者」をやめて「大人」を始めてもロクなことはなく、自分自身の可能性や欲求充足が妨げられるばかりですが、「若者」をやめて「大人」を始める頃には、自分自身の可能性や欲求充足を追いかける以外の新しい喜びや夢を意識しやすくなるわけです。世のお父さんお母さんがたが苦痛をあまり感じず、むしろ充実した毎日を過ごしている秘訣のひとつがこれです。

自分自身だけでなく、自分の子どもや間近な年下の成長――ひいては社会全体の繁栄にすら喜びや夢を見出せるようになれば、「大人」という境遇は、自分ひとりの外側の可能性に開かれているのです。

人生の「損得」や「コスパ」の計算式

私がまだ「若者」だった頃、「人の親」という義務にしか見えないものを引き受けている「大人」がどうして平気でいられるのか、後進の育成に一生懸命な「大人」がどうして存在しているのか、よくわかりませんでした。自分自身の成長や欲求充足という観点で見るなら、他人の世話を焼く人とは、自分の成長や欲求充足を二の次にして損なことを引き受けている人、わざわざ義務を背負って〝コスパ〟の悪い人生を歩んでいる人たち、という風にしか見えなかったわけです。

しかし、自分自身の衰えや生きていられる残り期間について意識する年頃を迎え、子育てを実地に経験してみると、私の〝コスパ〟の計算式は完全に変わってしまっていました。

小学校低学年ぐらい頃、母に連れられて喫茶店に行き、チョコレートパフェを食べたことを私は記憶しています。

そのとき私は、チョコレートパフェを食べている私を満足げに眺めている母の姿に気付きました。チョコレートパフェを食べているのはあくまで私で、母がコーヒーしか飲んでいないのに、どうして満足な顔をしているのか、そのときは不思議に思ったものです。

いまなら、母の気持ちがよくわかります。**自分自身が直接に欲求を充たしていなくても、子どもが欲求を充たしているのを見ているだけで、それがとても嬉しくて幸せ**なのです。子どもが何かをおいしそうに食べているだけでも嬉しく、子どもが急激なスピードで成長していくのが自分の成長と同じぐらい楽しくなります。よその子のそういった姿を眺めていても、私は幸福を感じるようになりました。後輩が仕事を覚えていく姿や、最初は頼りなかった新人がだんだん頼もしくなっていくプロセスにも、大きな喜びを見出すようになりました。

「若者」から「大人」に変わっていくなかで、私が自分自身の成長可能性をいくらか失ったのは事実でしょう。そのかわり、それを補って余りある、新しい喜びや幸福感が見つかったわけです。それは、「若者」だった頃にはまったく想定できず、人生の〝コスパ〟云々について考える際にも計算に入れていなかったものでした。

個人主義が浸透した現代社会では、ついつい「若者」に近い目線で人生のプランニングを考えたり、人生の〝コスパ〟について考えたくなるものでしょう。つまり、自分自身の成長や欲求こそが重要であるという考え方です。インターネット上で語られる幸福論や人生論にも、そういった「若者」としての内面や価値観を持ったまま歳を取っていく前提で人生を語ったものを多く見かけます。10代の私の考えも、概ねそのようなものでした。

しかし、「若者」を終えて「大人」が始まってみると、**幸福とは何か、人生における価値とは何かといった、議論の土台の部分がひっくり返ってしまう**のだと、私は知りました。同年代を眺めている限りでは、生き生きと活躍している「大人」は、多かれ少なかれ、そのような価値観の転換を経験しているようにも見えます。

「若者」の観点では損にしか見えないこと、〝コスパ〟が悪いようにしか見えないことに力を注いでいる「大人」を、どうか理解不能の存在とみなしたり、頭の悪い存在とみなしたりしないでください。彼らの幸福や人生の〝コスパ〟の方程式は、歳を取っていくなかで変わっていったのです。

いつかはあなた自身の方程式も、そのように変わっていくかもしれない可能性に思いを馳せてみてください。「若者」のアングルではお先真っ暗のように見えた生活が、「大人」のアングルでは喜びに満ちた生活であることは十分にあり得ることです。

チョコレートパフェを食べる側だけが幸福だとは限りません。年下の誰かがチョコレートパフェを食べているのを眺めているだけで幸福になれる、そんな未来が待っているかもしれないのです。

第2章

「大人」になった実感を持ちづらい時代背景

「大人」に抵抗感があるのが当たり前の時代

第1章では、「若者」をやめて「大人」を始めることで気付くこと、見えてくることをいつまんで紹介しました。10代の頃は見えていなかったことが20代になると見えてくるのと同様に、おじさんやおばさんと呼ばれる年齢になった頃になると見えてくることがあり、それは、決して悪いことや悲しいことばかりではありません。

しかし、現代社会の「若者」――とりわけ、そろそろ「大人」が始まりそうな年齢からもう「大人」が始まっていてもおかしくない年齢の人のうち、「大人」の可能性を認識している人や期待を持っている人はどれぐらいいるでしょう?

私が若かった頃を思い出しても、現況を見るにつけても、それが怪しいのです。

私は小さい頃から立派な「大人」に囲まれて育ったほうだと思います。地元の地域社会にも学校にも職場にも、敬意を感じられる年上の先輩や師匠筋が必ず見つけられました。それにも関わらず、私は自分が歳を取ること、「若者」ではなくなることを長らく恐れ続けてい

図表2 中高生の年代別意識

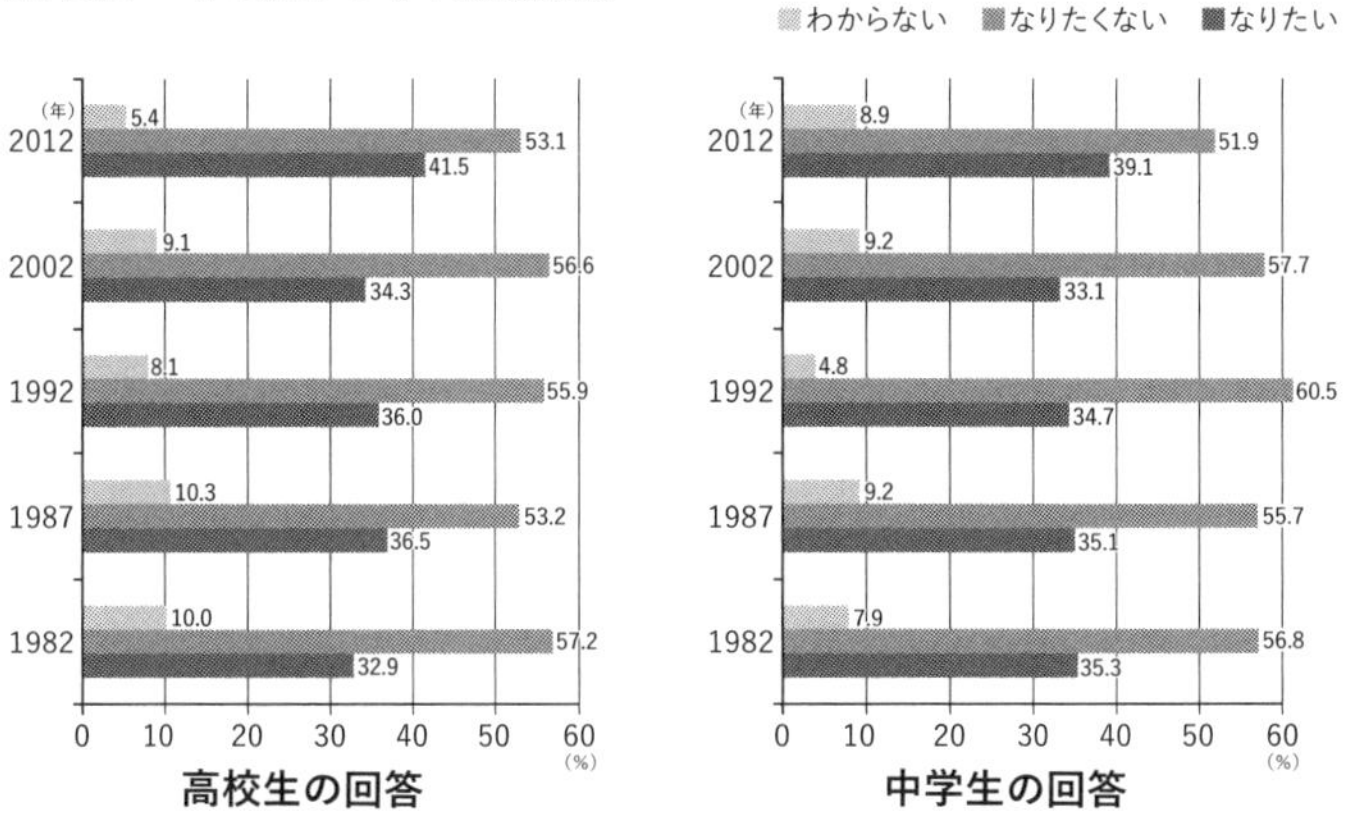

NHK放送文化研究所編『NHK中学生・高校生の生活と意識調査2012 失われた20年が生んだ"幸せ"な十代』より

ました。私もまた、第1章で触れた「30歳になったら死ぬ」といった思考拒否をするタイプの「若者」のひとりでした。

私以外についても見てみましょう。

NHKが中高生を対象に行った『中学生・高校生の生活と意識調査』というレポートがあります。これを遡ってみると、それぞれの時代の中高生がどれぐらい大人になりたがっていたのか、それともなりたがっていなかったのかを追いかけることができます（図表2）。

グラフを見る限りでは、ここ数十年来、中高生は大人になりたがってはいなかったと言ってよいでしょう。

20世紀には有名な精神科医や心理学者がこ

うした状況をさまざまに分析してきました。そうした分析のなかには「成熟できない若者」に批判的なものもあれば、「これからは若者であり続けたほうが社会適応しやすい」といった肯定的なものもありました。

現在のあなたがたの世代のうちにも「若者」を続けたいという意識の人はたくさん見つかりますし、口ではおっさんになったと言いつつも「おっさん」を自称している若者」としか言いようのないスタイルに到達している人もたくさん見つかります。他方で「若者」をそろそろやめて「大人」になろうとか、「若者」ではない何かになっていく可能性に自覚的な人はなかなか見つかりません。

私よりも年上の人たちのなかにさえ、いまだ「若者」的な価値観に固執し、あたかも「若者」の劣化コピーのようなライフスタイルをおくっている人は見かけなくもありません。すなわち、**歳を取って下り坂に差し掛かっても自分の成長や変化に夢中で、フレキシブルで流行に強いという自負を持ちたがっている中年男女**が結構いたりするのです。

どうして、「若者」に固執してしまうのでしょうか。

どうして、「大人」に尻込みしてしまうようになってしまったのでしょうか。

第2章では「大人」に尻込みしてしまうあなたがたの心理を作りだしている社会的背景に

ついて書いていきます。

昭和の人々は「若者」の魅力に夢中になり続けてきた

私はこの本を通してあなたがたに「『若者』もいいが『大人』も悪くないぞ」とアナウンスしていくつもりです。しかし、そういったアナウンスはこれまでのテレビや新聞、インターネットでなされてきませんでした。

戦後から長い間、日本のマスメディアは「大人」の魅力やメリットを強調するよりも、「若者」の魅力を強調する方向に積極的でした。

太平洋戦争が終わり、戦前の「大人」の価値観や文化が否定されると、戦後世代は、それにかわる価値観や生きざまを作りはじめました。大島渚や石原慎太郎といった人たちが主導するかたちで、戦後日本の「サブカルチャー＝若者文化」が花開いていきました。

一方で、戦前の「大人」が否定されて、「メインカルチャー＝大人文化」に相当するものが衰退したがために、やがてサブカルチャーはその地位をも占めるようになっていきます。

たとえば、昔は若者と子どもが楽しむものだったはずの漫画は、20世紀後半には大人も楽しむジャンルになりました。21世紀には、ゲームやアニメも大人が楽しむジャンルの仲間入りを遂げ、大人向けのCMにそれらのキャラクターやBGMが用いられるのが当たり前になっています。歌謡曲では、戦後間もない世代は加山雄三や美空ひばりを愛し続け、それよりあとの世代は松任谷由実や長渕剛を、もう少しあとの世代はSMAPや安室奈美恵を愛し続けました。

それがために、サブカルチャーの発信者は「若者」であり続けるよう期待されがちです。たとえば加山雄三は何歳になっても〝若大将〟としてファンに愛されていますし、矢沢永吉や松田聖子、バラエティ番組で活躍し続けるタレントも似たようなものです。長く活動する歌手やタレントに対して、「まだお若い」「若く見える」という誉め言葉がつくのはよくあることですが、「大人びて見える」「歳を取って見える」という誉め言葉はあまりつきません。

戦後社会にはたくさんの若者が溢れ、テレビや雑誌といったマスメディア自身もまだ歴史が浅かった時代でしたから、それらは必然だったのかもしれません。ともあれ、**メディア上でいちばん見栄えが良くて、いちばん目立って、たくさんの人が憧れるロールモデルは、いつも若者だった**のです。

若者の犯罪がニュースになった際などに、情報番組のコメンテーターが「コンテンツと現実の区別がついていない」などというのを耳にすることがありますが、コンテンツと現実の区別がつかない人は、実際にはほとんどいません。しかし、**憧れやロールモデルの次元では、メディアが見せてくれる理想はたやすく現実を侵食し、自分が目指すべきものや望むべきものを塗り替えてしまいます。**

例を挙げると、アイドル歌手や若手俳優と結婚できると本気で思い込む人はまずいませんが、アイドル歌手や若手俳優が異性の理想像になってしまっている人ならごまんといます。また、ドラマやアニメどおりの人生が過ごせると本気で思い込む人もまずいませんが、それらが人生の理想像になっている人もたくさんいます。

メディアが人間に主に与える影響を、現実ではなく、理想やロールモデルの次元で見るなら、何十年にもわたってメディア上で「若者」が理想のロールモデルであり続けてきた事実は、軽視してはならないように私は思います。みんなの憧れが「若者」的なロールモデルで占められ続けて、その発信者が「若者」のままであり続ければ、その次の段階――「大人」について考える人が減ってもおかしくありません。

社会から「大人強制装置」が失われた

では、「若者」が理想のロールモデルになる前の社会はどうだったかというと、旧来的な「大人」文化の仕組みのなかで、誰もが半強制的に「大人」の仲間入りをしていました。

とりわけ地方の町村部の地域社会では、どれぐらいの年齢で子どもが「若者」になり、どれぐらいで「大人」の仲間入りをするのかがシステムとして定まっていました。

子ども会に所属した子どもは一定の年齢で子ども会を抜けて、エスカレーター式に地元の青年会や婦人会に所属し、一人前とみなされました。「ある年齢になったら、地元の祭りで特定の役割をこなさなければならない」といったかたちで通過儀礼をもうけている地域もたくさんありました。地元のコミュニティに所属し続けて、地元の通過儀礼をこなせれば自動的に「大人」になれたということです。

それは一方で、強制的に「大人」にならなければならなかったということでもあります。子ども会にせよ、青年会にせよ、それらは原則として強制参加でした。「大人」になりたくないからといって、入会を遅らせたり通過儀礼を遅らせたりするような猶予期間《モラトリアム》は許されませんでした。

そうした地域社会の年上と年下の付き合いには上下関係がついてまわりました。「年上が偉い」とする家父長的な性格が強い地域では、青年会に入りたての、つまり「大人」になったばかりの青年はいろいろと苦労があったことでしょう。

そのうえ当時は、自由に転居／進学できる人もあまりいませんでしたし、現在のコンビニやネット通販に相当するサービスもなかったので、地元から孤立して生活することなどほとんど不可能でした。地域の決まりごとを無視し、地域から期待される社会的役割を回避して生きていく自由はほとんどあり得なかった、と言ってかまわないでしょう。

現代社会は、それとは対照的です。

郊外や都市部の大半では、地域社会への参加は昔のような強制力を持っていません。通過儀礼もなくなってしまいました。一応、成人式という通過儀礼〝らしきもの〟は残っていますが、成人式への参加は個人の自由に委ねられていますし、参加したからといって、周囲の見る目や自分の自覚が変わる人は一握りにすぎません。

地域社会という、人を強制的に「大人」にしてしまうシステムが希薄になったことによって、私たちは、好きなように歳を取れるようになりました。いまどきの都市や郊外では、「大人」を始めずに「若者」に固執したライフスタイルを採ったからといって、後ろ指をさされたり、人間関係がなくなってしまったりする心配はありません。**誰も「大人」になることを強制せず、また強制されることもなくなった**社会ができあがったことによって、「大人」と「若者」の境目は曖昧になりました。

強制的に「大人」にならなければならなかった時代と、「大人」への移行が個人の自由意志に委ねられるようになった時代、どちらのほうが良い／悪いのかは、一概に言えるものではありません。個人生活の自由という観点から見れば、軍配は後者にあげられるでしょう。ただ、「大人」を強制する仕組みがなくなったところに、「若者」的な理想のロールモデルが浸透した結果、「若者」のライフスタイルにたくさんの人が滞留して、「大人」に変わっていくことを望まなくなってしまいました。

「大人」強制システムのあった社会は、年下と年上のしがらみや上下関係にもとづく抑圧も大きかった反面、「大人」を作っていく面も持ち合わせていたと言えます。過去の社会の功罪のうち「罪」の部分だけが失われれば良かったのでしょうが、実際には、「功」の部分も失われてしまいました。

「なんにでもなれる」感覚が「大人」を遠ざける

地域社会が「大人」を強制していた時代は、生まれや育ちや身分によって、自分が何者になるのかがおおよそ決まっていた時代でもありました。

たとえば、江戸期の士農工商の時代なら、農民の子はほとんど農民になり、職人の子どもはほとんど職人になったことでしょう。

戦前の日本社会でも、生まれや育ちや身分がまだ重要でした。華族や資産家の家に生まれるのか、小作人や単純労働者の家に生まれるのかによって、性別によって、きょうだいの何番目かによって、子どもが何者になるのかはだいたい決まっているようなものでした。戦前の日本で「自分探し」が許されたのは、良家の次男坊や三男坊のたぐいがせいぜいです。

ところが、日本が戦争に負けて焼け野原になってからは、個人の資質や頑張り次第でなんにでもなれる社会が一時的にとはいえ、できあがりました。

戦後～バブル景気が破綻するまでの数十年程度の間、日本の若者は個人の資質や頑張り次第でなんにでもなれると考えて、実際、なんにでもなれました。私の生まれた地域社会でも、床屋や魚屋の倅《せがれ》が東大に入って出世するといった話は珍しくなく、親とはまったく異なった職業に就く者がたくさんいました。

バブル景気の頃になると、「末は博士か、大臣か」とばかり、たくさんの人が大学や大学院を目指すようになります。フリーターなどをしながら「自分探し」の猶予期間《モラトリアム》を存分に楽しむ若者も目立つようになりました。こうした傾向は、バブル景気が終わったあともしばらくは続いて、それを象徴するような歌やコンテンツ——たとえばMr.Childrenや『あいのり』のような——が人気を集めました。

この頃の若者観をワンフレーズに集約すると、「**まだ何者でもない若者は、なんにでもなれる。だから良い**」といったものになるでしょう。

それから十数年経って、時計の針はいくらか巻き戻ってしまったように見えます。というのも、貧しい家庭と恵まれた家庭の格差が拡大したことによって、特に前者の家に生まれた子どもからは「自分探し」の経済的／時間的猶予がなくなってしまったからです。

グラフは、大学生への平均仕送り金額の推移を示したものです（図表3）。この調査によると、最近の大学生の経済事情は１９８６年以前の水準に逆戻りしています。授業の出欠確

図表3　大学生への平均仕送り金額の推移

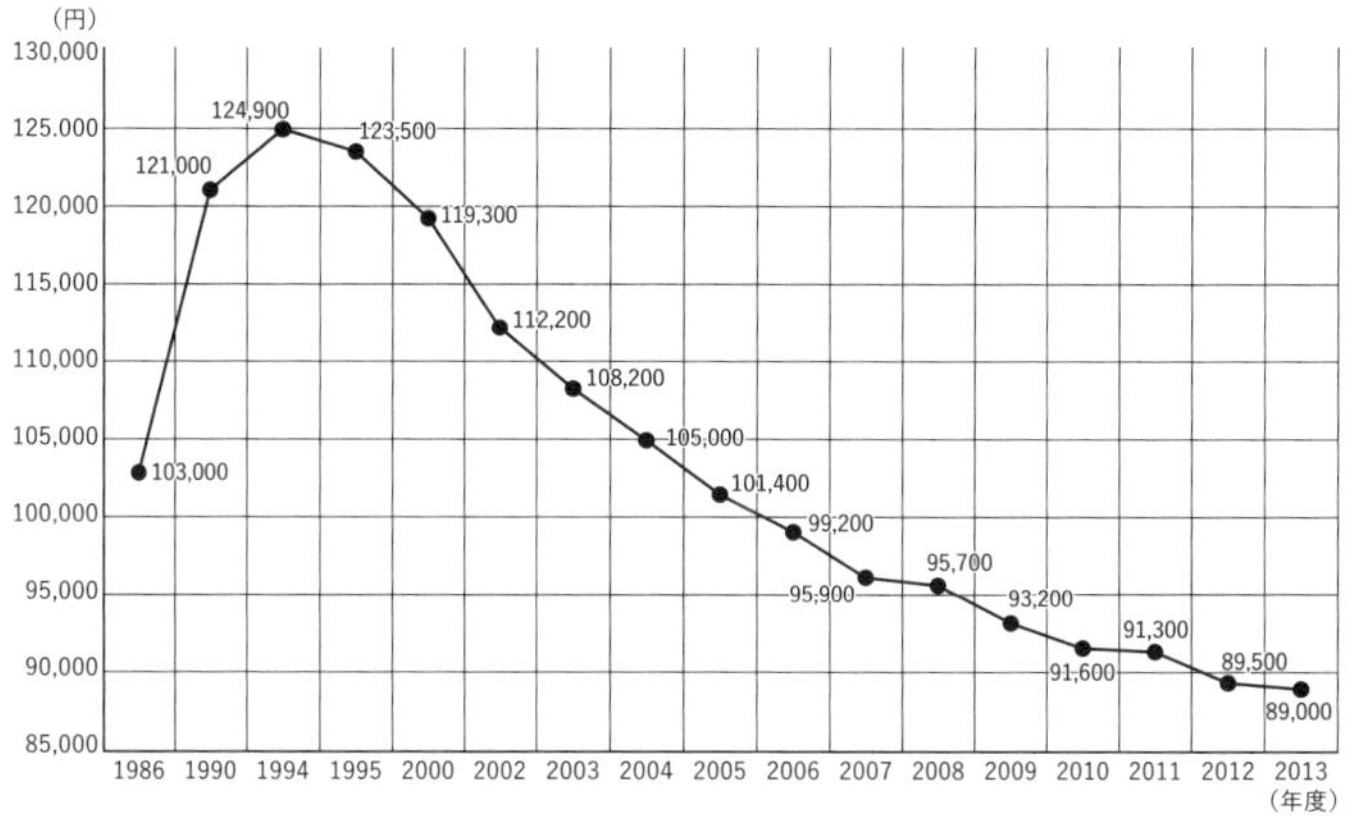

東京私大教連『私立大学新入生の家計負担調査』（2013年度）より

認や単位取得が厳しくなっていること、仕送りの減少がバイトなどによって賄われていることを考えると、最近の大学生は時間的にも体力的にもなかなか大変そうです。大学とバイトの両立だけで精一杯、自分探しだなんてとても無理……という学生も多いことでしょう。

　そもそも、大学に進学して、なんらかの仕送りをしてもらえる学生は、まだマシな部類です。こうしたグラフの水面下には、大学に子どもを出すだけの経済力が親にはなく、進学をあきらめている家庭が存在しています。

　経済面だけでなく、生活習慣や会話の語彙数といった、いわゆる〝文化資本〟の面でも、戦後以来、家庭それぞれで格差が蓄積していきました。「努力すればなんにでもなれる」という神話は打ち砕かれ、そもそも、効率的に努力するための生活習慣すら、親から子へと受け継がれていくという認識が広まったことによって、余裕のない家庭の子弟が「なんにでもなれる」と信じることは困難になってしまいました。彼らは「なれるものになるしかない」のです。

ただし、恵まれた家庭に生まれた子弟はこの限りではありません。

良い大学を出て、キャリアアップのための転職を厭《いと》わない「若者」は、「なんにでもなれる」状態をかなり長く続けられます。自分自身のことに夢中になれる「若者」的なライフスタイルを長く続けたほうが、高学歴高収入な境遇に磨きをかけられ、子育てにキャリアの足を引っ張られることもないと認識しているでしょう。

格差社会の進行によって、そうしたキャリアアップの境遇が誰にでも与えられたものではなく、自分たちだけに与えられた特権だと自覚していれば、それがある種のナルシシズムやエリート主義と結びつくのに、それほどの時間はかかりません。２０１０年代において、親の十分な支援を受けながら進学し、キャリアアップに突き進める「若者」には、「なんにでもなれる」という感覚に加えて「なんにでもなれる自分は優れている」という感覚が背中合わせに存在しているのではないでしょうか。

「なんにでもなれる」ことが、「若者」の証左であると同時に、エリートの証左であるという意識が恵まれた子弟の間に広がっているとしたら、そのような中流階級〜アッパー・ミドルの子弟こそ「大人」を延期しやすくなり、「若者」を長く続けようとするでしょう。最も恵まれた子弟が「若者」を続けて「大人」になるのを引き延ばし、ますます自分自身の成長に耽溺《たんでき》していく社会に未来の繁栄があるのか、私には疑問でなりません。

「大人」と「子ども」、年長者と年少者の接点が少ない

「若者」が「大人」に変わっていくのを難しくしている要因はまだあります。そもそも、現代社会には**「大人」と「若者」が接点を持てるような場所や機会があまり存在しません。**「子ども」と「若者」、「子ども」と「大人」についても同様です。

さきほど、地域社会の子ども会や青年会について触れましたが、それらは異なる年齢集団ではあっても、地元の祭りや盆や正月といった行事を共有して、常に接点を持ち続けていま

した。

また、現代の治安や責任の観点からは考えられないことですが、昭和時代の田舎では、街全体が子どもの遊び場であり、年上や年下と接点を持つ社交場にもなっていました。

道路も、川も、人の家の裏庭ですら、私たちは遊び場の一部として使っていました。『ドラえもん』で描かれる空き地で子どもが遊んでいるシーンにあなたがたは違和感を覚えるかもしれませんが、昔は、全国的にそれが当たり前だったのです。

年齢の異なる子どもが集まって遊ぶ機会も多く、十数人で草野球やケイドロをすることも珍しくありませんでした。年上からは、新しい遊び、地域のなかの危ない場所、叱られにくい振る舞い方などを教わったものです。

地域の中年や高齢者との接点もたくさんありました。なにせ街じゅうが遊び場ですから、私はたくさんの高齢者と顔見知りで、高齢者の側も、近所の子どもの顔をよく知っていました。お菓子を出してもらうこともあれば、叱られることもありましたが、全体としては、子どもは高齢者によって世話をされて、見守られていたと記憶しています。

しかし、私が子ども時代に体験したような状況は、都市部ではずっと早くに失われ、近年ではほとんどの郊外でも失われていることを、のちに私は知りました。

今日《こんにち》、街全体が子どもの遊び場ということはまずあり得ません。空き地や人の家の裏庭には立ち入り禁止の看板が立ち並び、公園、児童センター、託児所といった、**「子どもが遊んで良いところ」と大人たちが指定した場所で子どもたちはすし詰め状態になって遊ぶ**ようになりました。子どもが複数の塾や稽古事に通うようになり、スケジュールが忙しくなったため、地域の子どもたちが十数人の大集団を作って、夕方まで遊ぶような機会も珍しくなりました。もし、子どもが年上との接点をたくさん持ちたいなら、たとえばスポーツクラブなどに（親がお金を払って）通わなければなりません。

社会人になってからも、年上と年下の接点は昔ほど多くはありません。新興のニュータウンやマンションの住人は、年上や年下と接するような町内活動を最小限で済ませようとします。職場でも、〝付き合い〟や〝飲みニケーション〟が減ったので、年上と年下が接する時間は少なくなりました。

高齢者も年下世代との接点を失いつつあります。子どもは街で遊ばなくなり、過疎化の進んだ町村や昭和時代にできたニュータウンには高齢者しかいなくなりました。やがて高齢者は老人ホームやデイサービスの世話になりますが、それらはケアを受けるための施設であって、年下世代に対して「大人」として振る舞うための場ではありません。

世代間でいがみ合う社会はみんなが望んでできたもの

これらの変化は、数十年前の人々が望んだ結果でした。

歳の差のある者同士が、半強制的に一緒に過ごしていれば、しがらみやストレスも増えることになります。昔の地域社会や職場には大人気ない年上との接点も多く、年下が理不尽に耐えなければならない場面もたくさんありました。また、高齢者のなかにも、子どもの相手をしたくないのに、不承不承に世話をせざるを得なかった人もいたことでしょう。

しがらみやストレスを減らし、それぞれが自由に過ごせるようにするべく、社会の仕組みも考え方も、街のつくりも変わっていきました。そのおかげで、現代人は最小限のストレスで毎日を暮らせるようになりましたが（その割に、うつ病などの精神疾患が増えていることを思えば、接点を減らしてストレスを減らすのが正解だったとは思えないのですが）、**年上や年下と接点を持ち、そこから何かを学ぶ機会は自分から求めなければ経験できなくなってしまいました。**

最近は、高齢者を「老害」扱いする若者の声が聞かれ、逆に、高齢者が赤ちゃんの声を騒音だと言って、保育園や幼稚園の建設に反対するような運動が見られます。

高齢者を「老害」呼ばわりすることと、赤ちゃんの声を騒音だと訴えることは、同じ出来事の異なる面を見ているのだと私は考えています。「大人」にならずに済ませられる社会ができあがり、異なる年齢／異なる世代の人と接点を持つ機会も大幅に減ってしまって、そういうことにみんなが不慣れになってしまったために、異なる世代が抱えている都合や立場について、あんまり考えられなくなってしまったのではないでしょうか。

人間は、接点を持たない他人や利害を共にしない他人に対しては、どこまでも無神経になれるものです。年上と年下、「子ども」と「若者」と「大人」が接点や利害を共にしなくなった社会が完成したからこそ、若者は高齢者を「老害」と決めつけ、高齢者は赤ちゃんの声を単なる騒音とみなすようになってしまいました。

年上と年下の接点が少なくなったために、年下が年上から人生のヒントを集めたり、歳を取るとはどういうことなのかを聞く機会も減りました。それと同時に、年上の側もまた、自分の寿命が減っていく時間と自分以外の誰かがどんどん成長していく時間とが重なり合うことがなくなり、自分の寿命が失われる時間の流れに対してポジティブな意味付けを見出しにくくもなりました。

「大人」を引き受ける立場が争奪戦になっている

そのうえ、今日の社会では、年上として年下を育てる立場――まさに「大人」を実践し、実感するのに最適な立場が事実上、争奪の対象になっています。つまり、**人生の椅子取りゲームに勝った者だけが「大人」を始めるのに適した立場を獲得できる**、そんな時代になってしまいました。

たとえばいま、あなたが子どもをもうけて育てるためにクリアしなければならない条件について想像してみてください。子どもを育てるにはお金がかかります。子どもを街で勝手に遊ばせておけない世の中ですから、子どもの過ごす時間については、親が経済的／時間的／精神的に請け負わなければなりません。

それ以前の話として、まず異性に選ばれるような条件をクリアしていなければ子どもをもうけるなど夢物語でしかありません。性別の違いによって求められる条件に違いはありますし、恋愛結婚なのか、見合い結婚なのか、婚活なのかによっても多少の違いはあるでしょう。いずれにせよ、異性に選ばれ、子育てのための条件も揃えられた者だけが子どもをもうけられるのであって、異性に選ばれない者、子育てのための条件を揃えられない者は父親や母親として「大人」を実践する立場に立つこともできません。女性なら、シングルマザーとして強引に子育てを始められそうにも見えますが、経済的／時間的／精神的にゆとりのない単独の子育ては、並大抵の難しさではないでしょう。

家庭以外の場で「大人」を実践する際についても、それに近いことが言えます。部下や後進を育てられるような職種やポジションは、正社員になれるか否かや、出世の具合によって大きく左右されます。ずっと人の指示を受け続ける仕事、ずっと独りぼっちでこなす仕事、そういったポジションに居続けたのでは、「大人」を実践する機会も、「大人」をやろうという動機も芽生えようがありません。むろん、〝ベテランのおじさんおばさん〟としてひとつの職場で長く働き続けられるなら、パートタイム労働でも年下の世話を焼く機会はあるでしょうし、周囲から敬意を集めることもできます。しかし、これとて**雇用が流動化し続ける昨今では容易ではなく、派遣社員のような不安定な立場で働き続けざるを得ない人がたくさんいます。**

現在の、年長者ばかりがやたら多く、年少者が少ない人口ピラミッドは、こうした「大人」争奪戦が起こりやすい社会ができあがり、後進を育てられる立場の人が減ってしまったためにできたとも言えるでしょう。団塊ジュニア世代などが典型的ですが、本来であれば父親や母親として、あるいは上司として「大人」を為すべきだったであろうたくさんの人々が、バブル景気崩壊後に競争率の激しい椅子取りゲームに敗れて、そのままの状態で歳を取らざるを得なくなっています。

団塊ジュニア世代以降も「大人」争奪戦の構図は基本的には変わっていません。子どもをもうけられる立場や年下を育成できる立場が減ってしまえば、年下は育たなくなるでしょうし、そもそも、子どもが生まれてこなくなってしまいます。

「大人」を引き受けられる立場が少なくなればなるほど、子どもが減り、それによってまた「大人」を引き受けられる立場がますます減っていく悪循環が続けば、この国はじきに消滅してしまいそうです。そのうえ、オートメーション化やＡＩ技術によって、ますます「大人」が要らなくなる可能性すらあります。

ほんの一握りの人間だけが「大人」を実践する立場に立てるような社会に、未来があるとは私には思えません。

それはあなたの選択なのか、社会構造による必然なのか

　こういった複数の要因が重なり合った社会のなかで、私たちはそれぞれに「若者」的なライフスタイルで生きていくのか、それとも「大人」を始めるべきかを判断しているわけです。人は自分自身の意志で欲しいものや価値観を自分で選び、ライフスタイルを選びとっていると考えたがるものです。個人主義が浸透している現代の日本人の場合はとりわけそうでしょう。

　しかし、これほどまでに「大人」になりにくく、「若者」に留まりやすい要因が重なり合っている社会ができあがってしまっていると、**それぞれの個人の意志というより、社会構造の必然として選ばされているという**側面が強いのではないでしょうか。

　20世紀の後半から21世紀のはじめにかけて、日本では、誰もが「若者」であり続けられる、あり続けたほうが良いという考え方が老若男女を問わずに広がりました。〝一億総中流社会〟

とも呼ばれた、比較的格差が少なく、たいていの家の子どもが思春期の猶予期間《モラトリアム》を謳歌できた一時代においては、「大人」になるということは真剣に考えるに値しないことと思われていましたし、現在ですら、同時代の人々の言動のうちにはそのような雰囲気を感じることがあります。

それから歳月が流れ、少子高齢化が進むなかで、少しずつですが、「若者」に固執せず、「大人」を始めることについて考える向きが現れてきたように思われます。00年代のメディアは「ちょい悪オヤジ」「40代女子」といった極端なフレーズも含めて、本当に「若者」推し一色でしたが、あまりにも少子高齢化が進んだためか、甚《はなは》だしい「若者」推しはなりをひそめるようになってきました。

若い世代の感性も変わってきているのかもしれません。本章のはじめに、長年にわたって中高生が大人になりたがっていない調査結果を紹介しましたが、近年は、それとは異なった傾向の調査結果も出てきています。マイナビティーンズが２０１５年に行った中高生１８０人を対象とした『早く大人になりたい瞬間ってある?』というアンケートでは、「はい」の割合が65・6%と、「いいえ」を上回っています。

調査の方法や対象に若干の違いはあるにせよ、現在の10代は「大人」になりたい気持ちが高まっているように思われます。

メディアの風向きが変わってきた背景には、少子高齢化があまりにも進みすぎたこと、いつまでも「若者」のつもりで生きてきた世代もさすがに歳を取りすぎたこと、「若者」のつもりのまま、大人気ない振る舞いを繰り返す中高年が悪目立ちするようになってきたこと、などなどが挙げられるでしょう。

それと同時に、10代の「大人」に対する捉え方が変わったのは、生まれや育ちによって「若者」を続けられるか否かも、「若者」としてのメリットを活かせるか否かも、大きな格差が存在していることを彼ら自身も肌で感じるようになったからなのでしょう。「大人」を実感し、実践するのに最適な親や指導者といった立場が競争に勝たなければ手に入らなくなっていることを、いまどきの人は早い段階で直観していると思われます。

下の世代のほうが「大人」になることに意識的で、上の世代のほうが「若者」で居続けたがっているとしたら、それは悲劇なのか、喜劇なのか、ちょっと判断に迷うところです。しかし、あなたがたの世代も含めて、「大人」としての立場を実感し実践する立場に手が届かないまま、「若者」をずるずる引きずるような境遇に留まらざるを得ない人が続出するのは、やはり、悲劇的なことだと私は思います。

第3章

「大人のアイデンティティ」への軟着陸

「大人になる＝アイデンティティが確立する」という考え方

第1章で少し触れたエリクソンの発達段階説（P.042参照）によれば、思春期、つまり「若者」と呼ばれる時期の成熟の課題は「アイデンティティの確立」です。

耳にする機会の多い「アイデンティティ」という言葉ですが、意味を理解して使っている人は意外と少ないように見受けられます。

大雑把に説明してしまうと、アイデンティティとは「これって私」「俺ってこういう人間だ」といった、**自分自身をイメージする際になくてはならない構成要素**のことを指します。

たとえば、「〇〇大学を卒業して××社に入社し、職場近くのテニスサークルの友人関係が充実していて、ひとりのときはブラックバス釣りや登山が好きな男性」がいたとします。

もし彼が、出身大学や就職先、テニスサークルとそこの友人、釣りや登山について、それらが自分自身になくてはならない構成要素だと感じているなら、それらはすべてアイデンティティの一部ということになります。

他方で、たとえばニコニコ動画でボカロの動画を追いかけることが自分には不可欠だと感じていた中学生が、数年後にはニコニコ動画を卒業しているといったことも珍しくありません。大事にしている趣味が変われば、そのぶんだけ、その人のアイデンティティも変わったと言えます。これは、人間関係や仕事についても言えることで、自分にとって不可欠と感じている対象が変わったなら、アイデンティティも変わったということになります。

「若者」のうちは、アイデンティティ＝自分自身になくてはならない構成要素は、時間とともに変化していくことが多いものです。

やがて**「大人」と呼ばれてもおかしくない年齢になってくると、アイデンティティは簡単には変わらなくなっていきます。**おじさんやおばさんの大半は、30代までに覚えた趣味を楽しみ、馴染みの音楽を聴き、昔からの友達と昔からの流儀で付き合うようになっていきますが、こういった現象もアイデンティティの確立といって差し支えありません。変化が少なくなった中年は「自分探し」にエネルギーを費やさなくなっていきます。

なお、アイデンティティ確立の反対は、アイデンティティ拡散と呼ばれます。

「これって私」「俺ってこういう人間だ」と思えるような、自分にとって不可欠な構成要素が見つからず、あれも気に入らない、これもイマイチ、仕事も人間関係も気に入らないから変えてしまいたい……などと思い続けている人が、アイデンティティ拡散に相当します。

こういう状態の人は、現在の自分の構成要素がどれもしっくり来ないため、仕事も趣味も人間関係も落ち着きなく、長続きしにくい傾向があります。自分にとって本当に不可欠なものを探すのにいつまでも忙しいせいで、他の世代のことに意識を回すのも時間をかけて何かを達成するのも困難です。

何者かになった気にならないと地に足がつかない

ここで断っておきますが、アイデンティティが定まらないのは、必ずしも悪いことばかりではありません。

アイデンティティが確立せず、自分にとって不可欠なものがまだ定まっていない人は、そのぶんフットワークが軽く、自分の好みやライフスタイルを自由自在に変えることができます。流行や社会の情勢にあわせて、「これって私」「俺ってこういう人間だ」の方向性を変更するのも、アイデンティティが確立していないうちなら簡単です。それに対して、アイデンティティが確立し、いろいろなものを不可欠のものとして抱えてしまった中年は、それほど簡単には好みやライフスタイルを変更できません。

あなたがもし、まだ何者にもなっておらず、自分にとって不可欠に思えるものを何も抱えていない人なら、あなたは何者にもなり得るのでしょうし、その変わり身の早さは年上世代に対するアドバンテージとなり得ます。実際、若い年齢のうちのほうが「これって私」「俺ってこういう人間だ」の構成要素を、フレキシブルに変えやすいものです。

このような「自分探し」からは、バブル景気～バブル崩壊期の夢見がちな元・若者の話や、痛々しさ全開の自意識などが連想されて、あなたがたの世代には悪い響きに聞こえるかもしれません。しかし、自分自身の構成要素を選べる余地があるというのは、なかなか豊かなことではないでしょうか。もし、いまのあなたに「自分探し」をしたい／しなければならない余地がたくさんあるなら、そのことを弱みと捉えるよりは、強みだと捉えたほうが建設的でしょう。

ただし、「これって私」「俺ってこういう人間だ」が定まっていないことのアドバンテージは、それと表裏一体のディスアドバンテージを伴っています。

アイデンティティが確立していない人は自意識過剰になりやすく、自分に似合うものはなんなのか、自分が選ぶべきものはなんなのか、気にしすぎてしまいがちです。そういった意識が空回りした結果、「自分って一体なんだろう?」「私って、なんのために生きているんだろう?」といった、答えのない悩みにとりつかれることもしばしばあります。

さきほど挙げた、何者にでもなれるというアドバンテージは、まだ何者にすらなっていないという虚しさや焦りと不可分の関係にあるもので、そのディスアドバンテージは馬鹿になりません。自分が何者でもないという自覚は、自信のなさにも繋がります。「これって私」「俺ってこういう人間だ」と思えるものが乏しい人は、何か自分が否定されたときに自分自身を弁護したり、その場に踏みとどまって戦ったりすることがしばしば困難になります。本当は踏みとどまって戦ったほうが良い場合でも、その場で踏みとどまるよりも持ち前のフットワークの軽さでよそに行ったほうが良いように思えて、つい、そうしてしまうのです。

つまり、**アイデンティティが確立していない人のほうが、概して「否定に打たれ弱い」**といえるでしょう。

キャリアが定まることでアイデンティティも定まる？

20世紀後半の心理学者や精神科医は、こうしたアイデンティティの定まらない期間が長引くようになってきていると指摘していました。その背景には、若者のキャリアがなかなか定まらなくなった社会の到来があります。

それ以前の社会にも、アイデンティティの定まらない若者がいなかったわけではありません。戦前社会にも、大学を卒業して定職に就かずブラブラしている〝高等遊民〟と呼ばれる若者が存在していましたが、今日でいうニートに近いものです。高度経済成長の時期なら、〝ヒッピー〟や〝フーテン族〟などと呼ばれた若者たちがそれに近いでしょう。しかし、〝高等遊民〟になれたのはお金に余裕がある家の息子に限られていましたし、〝ヒッピー〟や〝フーテン族〟にしても、就職や結婚を転機として「自分探し」をやめていくのが常でした。

一方で、戦後から時間が経つにつれて、若者の就学期間や進路選択の期間は長くなっていきました。高学歴になればなるほどキャリアの確立は遅れやすく、その間、仕事に関するアイデンティティは宙ぶらりんのままです。

就職後も、終身雇用制が崩壊してキャリアアップのために転職する人も多くなったため、天職、あるいはライフワークと呼べるような仕事を見つけ出すのは難しくなりました。いまどきは、新卒採用で入った会社を「自分探し」の終着駅と捉えている人はあまりいないでしょう。

さきに触れたように、「若者」のアドバンテージは変わり身の早さなので、流動的な雇用状況は「若者」に味方しているようにもみえます。そのかわり、「これって私」「俺ってこういう人間だ」にとって不可欠のものとして自分のライフワークや天職を見定めるのも容易ではなくなりました。

また、晩婚化が進んだことによって、人生のパートナーや家族もなかなか定まらなくなりました。結婚率が下がって離婚が増えたご時世ですから、結婚も「自分探し」のピリオドとは言い切れません。

キャリア選択という点では「**これさえこなせばアイデンティティが確立した」と言い切れるライフイベントが見当たらなくなった**ということです。

あらゆるキャリアが流動化したいま、アイデンティティの確立をうまくやっていくためには、流されるままにキャリアを乗り換えていくのでなく、自分にとって不可欠な構成要素になりそうな仕事やパートナーを自覚的、かつ積極的に選びとっていく必要があると思われます。もちろん、仕事選びやパートナー選びに１００点満点を求めてもきりがありません。妥協なきキャリア探しをするよりも、80点の仕事を90点の仕事に変えたり、80点のパートナーと80点の自分を90点のカップルにしたりするような、キャリアを膨らませる工夫や努力のほうが重要のように思います。

「そういうのは面倒くさいから、いつまでも『自分探し』を続けたっていいじゃないか」と思う人もいるかもしれませんが、そうはいきません。

たびたび触れているように、人間は、生物としても社会的存在としても歳を取り、いままで生きてきた時間や積み重ねてきた歴史によって自分自身の構成要素がだんだん決まってしまいます。たとえ、自分自身としては自由に「自分探し」をして生きてきたつもりでも、「地に足のつかない中年」としてできあがってしまい、ほかの生き方を選べなくなってしまうのが40代以降にはありがちなことです。

矛盾して聞こえるかもしれませんが、「何者にもなっていない」まま歳を取ると、「何者にもなれなかった中年」というかたちでアイデンティティが固まってしまいます。

趣味や課外活動もアイデンティティの構成要素になる

「これって私」「俺ってこういう人間だ」が定まっていない若者の時期に、とりあえずのアイデンティティの預け先として重要になるのが、キャリア以外の趣味や活動です。

たいていの若者は、キャリアに直接結びつかない活動にも熱中するものです。課外活動やスポーツクラブ、小説や映画やアニメ、テーブルゲームやコンピュータゲーム……若者がそういったものにのめり込む第一の理由は「楽しいから」「やりがいを感じるから」ですが、アイデンティティの観点から見ても、これは納得できる現象です。

あなたの中学生時代を思い出してみてください。これからの進路がはっきりせず、第二次性徴によって身体が急激に変化していく時期ということもあり、「これって私」「俺ってこういう人間だ」の構成要素がとりわけ乏しくなる時期です。ゆえに中学生は精神的に動揺しやすく、自意識も過剰になりがちです。

しかし、趣味や課外活動をかけがえないものと感じている中学生なら、さしあたってのアイデンティティの預け先が得られます。「バスケ部で頑張っている自分」「文芸活動にのめり込んでいる自分」といったものが明確な中学生は、「自分って一体なんだろう?」「私って、なんのために生きているんだろう?」といった答えのない問いにあまり悩まずに済みます。**趣味や課外活動に夢中になっている人はアイデンティティが確立していないことの弊害を最小化できる**、と言っても良いでしょう。

大学進学や就職の頃になれば、さすがに中学生よりは精神的にも安定してきますが、課外活動や趣味の重要性は変わりません。現代社会では20代のうちにキャリアを確立するのが難しいので、課外活動や趣味にかけがえのない何かを見出していない人は、アイデンティティの預け先が足りなくなってしまうかもしれません。

また、20代の頃に夢中になった活動や趣味はより長い付き合いとなる可能性が高く、仕事や家庭よりも一足先に、一生モノのアイデンティティの構成要素になるかもしれません。キャリアが流動的な状況にとどまりそうな人にとって、このことは重要です。課外活動や趣味の面で一足先にアイデンティティを確立しておけば、たとえキャリアが流動的な状況が続いても「自分って一体なんだろう?」「私って、なんのために生きているんだろう?」にそれほど悩まずに済むからです。

それなら、仕事や家庭、勉強などにアイデンティティを感じている若者なら、課外活動や趣味を無視して構わないかというと……そうとも限りません。

世の中には、若いうちから仕事で評判を獲得して、仕事こそが自分のアイデンティティの大黒柱だと感じる人もいます。学生の場合は、勉強こそがアイデンティティといったところでしょう。

若いうちから仕事や勉強ができること自体は望ましいことです。ですが、「仕事のできる私」や「勉強ができる俺」だけをアイデンティティにしている若者は、**それらが不調になり、評判が下がってしまうと、自分自身のすべてが否定されたように感じてしまいます**。アイデンティティの構成要素が少ない若者はその少ない構成要素に駄目出しを食らってしまうと脆《もろ》く、自分自身が完全否定されたに等しい精神的ダメージを受けることになります。

実際のところ、仕事や勉強だけをアイデンティティにしている若者は、たとえそれらが好調でも自惚《うぬぼ》れてはいられません。心のどこかで、学業や仕事を否定されたら自分の依って立つものが完全否定されてしまうとわかっているので、不安に鞭打たれながら勉強や仕事を続けることになります。調子が良くても不安に駆られて、調子が悪くなれば精神的ダメージを受けてしまう境遇は、決して生きやすいものではありません。

一方、アイデンティティの構成要素を課外活動や趣味によって増やしている若者は、学業や仕事がちょっと不調になったぐらいではビクともしません。仕事がいまひとつな日があっても、テストの点数が悪い日があっても、ほかが充実していれば自分自身が根こそぎ否定されてしまう事態は避けられます。課外活動や趣味の人間関係が充実していて、職場や学校の人間関係との二本立てになっている人なら、そう簡単には心が折れないでしょう。

それでも気を付けなければならないことはあります。

趣味や課外活動「だけ」をアイデンティティの構成要素にするのも、それはそれで危険だということです。

さきほど挙げたように、仕事や勉強一本槍の人は、それが低調になってしまうと自分が完全否定された気持ちになりやすく、メンタルヘルス的には楽とはいえません。部活動一本槍の人や趣味一本槍の人も、それは同じです。たとえば「自分にはバスケしかない」「将棋しかない」と思い詰めた人が、そこのところで他人に否定されたり、活動が低調だったりすると、精神的ダメージは大きくなってしまいます。バスケや将棋以外も楽しんでいる人や、仕事や勉強にもやりがいを感じている人に比べると、不安に駆られやすく、何かあった時に心が折れてしまいかねません。

アイデンティティがフラフラしている男女の仲は長続きしない

サブカルチャーと並んで、若者がアイデンティティの構成要素として求めがちなのが恋愛です。

私の場合、30代になってようやく実感したのですが、20代以前の恋愛には「このパートナーを幸せにしたい」「このパートナーと幸福を作りあげたい」という気持ちが足りず、「彼女が欲しい」「恋に恋したい」的な気持ちが先行しがちです。

あなたのこれまでの恋愛にも、自分のアイデンティティの構成要素として、または「**交際相手がいる自分**」「**恋をしている自分**」**というステータスが欲しくて、交際相手を求めていたふし**がありませんでしたか?

「付き合う相手の幸福」より「相手と付き合うことで得られるステータス」にウエイトが置

かれた恋愛も、「恋」と呼ぶことはできるかもしれません。しかし、それを「愛」と呼んではいけないように私は思います。

多くの人は20～30代のうちに恋と愛の違いに気付くようになり、自分のアイデンティティのための恋愛から、パートナーの幸福のための恋愛や、お互いの幸福のための恋愛に変わっていくものです。他方で、10代のうちにこの違いに気付く人はあまりいません。世の中には、生涯にわたってこうした恋と愛の違いがわからないまま歳を取っていく人もいます。

恋に恋したことのある人、彼氏／彼女が欲しいと切望したことのある人なら実感が湧くでしょうが、恋愛していることやパートナーがいることは、それだけで強力なアイデンティティの構成要素になります。「パートナーの○○さんと付き合っている自分」「パートナーの○○さんに交際相手として選ばれている自分」に夢中になっているうちは、自分が何者でもないなどと悩む必要性はなくなります。望ましいパートナーと付き合っているうちは、付き合っている自分自身もなんだか望ましくなったような気持ちに満たされることでしょう。アイデンティティの欠乏を感じている人が、その欠乏を埋め合わせるために恋愛やパートナー探しに夢中になる感覚は、だいたいこんな感じです。

しかし、**恋愛以外のアイデンティティがロクに固まっていないと恋愛は長続きし**

ません。自分自身もパートナーも若く、職場／生活／友達／趣味がどんどん変わっていくふたりの恋愛は、お互いの変化が著しいほど、だんだんに難しくなります。

たとえば大学の趣味サークルで付き合いはじめた10代のカップルは、はじめはなんの問題もなく付き合い続けられるかもしれませんが、就職してお互いに転勤を繰り返し、共通の趣味もそれぞれがやめてしまえば、親密に付き合い続ける難易度が高くなるでしょう。進学、就職、転職によって、状況やアイデンティティの構成要素がコロコロ変わる人との恋愛は、恋愛ドラマの脚本としてはスリリングでも、長く育てていくのはかなり難しいものです。まあ、難しいからといって、割り切ってやめられるものでもありませんが。

「それならいっそ、強引に結婚してしまえばいい、それで家族をアイデンティティにしてしまえば全部落ち着くんじゃないか」と主張する人もいます。

恋愛よりも結婚のほうがアイデンティティの構成要素としては確かに頑丈ですし、家庭を持ち、子煩悩になるうちに「自分探し」など目もくれなくなる人が存在するのも事実です。

その一方で、「これって私」「俺ってこういう人間だ」に納得も満足もしていない、本当は「自分探し」が続けたくて仕方がない人の結婚が、途中で空中分解していくところも私はたくさん眺めてきました。「結婚すれば落ち着く」ことを期待して、勢いで結婚したものの、中年になってから浮気をしたり、「自分探し」を再開するために家族をなげうってしまったりする人も、世の中にはいます。あるいは第1章で紹介したBさん（P.035参照）なども、そういった人のひとりだったのかもしれません。

恋愛や結婚は、それそのものはアイデンティティの構成要素としては強い部類に入りますが、それ以外のアイデンティティの構成要素が安定していないうちは、どうにも不安定になりがちです。恋愛や結婚だけで「若者」から「大人」にシフトできるわけではないと思っておいたほうが無難でしょう。

揺るがない自分が生まれると足下が固まるがおじさんおばさんにもなる

恋愛についての話に踏み込むと長くなってしまうので続きは第6章で述べるとして、ここからは、仕事や趣味やパートナーが固まってきたあとのアイデンティティの話をします。

そういったものが固まってくると、あなたのアイデンティティは簡単には揺るがなくなりますが、それと同時に、**フットワークの軽さを失ったおじさんやおばさんが誕生**します。流行の音楽に鈍感になり、新しいジャンルの開拓もあまりしないような、中年のできあがりです。

変化できなくなった自分――フットワークの重い自分――流行に鈍感な自分――そういう未来の自分を、あなたは肯定的に捉えられますか？

かくいう私も、20代の頃はそういう自分を恐れていましたし、30代になってしばらくは、少しずつフットワークが重くなってゆく自分自身と戦って、フットワークの軽さを維持しなければならないなどとも思っていました。

20世紀中頃の心理学界では「これからの時代は、永遠に思春期を続けられる人間が最強だ！」というアイデアが流行ったことがありました。世の中がだんだん流動的になって、テクノロジーも日進月歩だから、いつまでも変化し続けられる人間のほうが強い……といったロジックにもとづいたアイデアです。

しかし、永遠に「若者」をやろうとしたら、中年の心身は長持ちしそうにありません。それこそ第1章のAさん（P.031参照）のように、ノックアウトしてしまう人が続出するでしょう。「若者」が「若者」でいられるのは、まだ経験が少なくて余白だらけの精神に加えて、まだ衰えていないピンピンした身体を持っているからでもあります。現実の中年は少しずつ身体が衰えはじめていますし、精神的には、経験や経歴、思い出がびっしり刻み込まれています。そのような中年が10～20代の人の真似をし続けたところで、身体を壊すか、精神を病むか、どちらかが関の山でしょう。

そのかわり、おじさんやおばさんになってしまえば、流行や新しいものにアンテナを張っていなければならないという義務感や切迫感からも解放されることでしょう。仕事や家族の世話などに時間やお金を割いても平気でいられるようになって、そこに満足感を見出せるようにもなってきます。

全面的に「若者」的に生きていくのではなく、**どうしても必要なところだけはアップデートして、それ以外の部分はいままでに確立したやりかたを変えずに生きたほうが楽で、なにより効率的**です。

大学教授や実業家の方々などを見ていてしばしば思うのですが、仕事で最新のアップデートについていっている中年は、その分野以外では保守的であることが多いように見受けられます。いつも同じ格好をしていて、いつも同じ歌をカラオケで熱唱するおじさんやおばさんを侮ってはいけません。彼らは自分がアップデートする範囲を絞ることによって、本当にアップデートしなければならない分野にきちんと力を注ぎながら、家庭の面倒を見たり、部下の面倒を見たりしているのです。

「若者」のアドバンテージを引き延ばすのをやめて、おじさんやおばさんとしての自分自身を受け入れてしまえば、自意識の過剰さからも「自分探し」からも解放されて、精神的にも経済的にも効率的で、落ち着いた境地が待っています。

「CLANNADは人生」

そんなわけで、10代〜20代の頃は我が世の終わりのように悲観していた中年の生活は、やってみると想像以上に快適で、本当に大事なことに力を注いだり、家族の幸福を優先させたりするには、「若者」よりもずっと適していたのでした。

そういったことを予感させてくれる情報やコンテンツは、世間にはあまり存在しないのですが、例外的に、私はサブカルチャーの隅っこでそれに出会ったことがあります。

そのコンテンツは『ＣＬＡＮＮＡＤ』といいます。このゲームに出会ったのは２００４年、当時はまだアニメやゲームの、いわゆる〝二次元キャラクター〟への風当たりが強く、情報番組のコメンテーターは「オタクの好きなコンテンツは幼稚で身勝手」とバッシングしていました。もともとアニメやゲームが子ども向けジャンルとして出発したことを思えば、幼稚とみなす人がいても仕方がなかったとは言えます。たとえば『セーラームーン』や『カードキャプターさくら』といった女児向けコンテンツに熱中するオタクの趣味は、事情の知らない人には異様に見えたことでしょう。

『ＣＬＡＮＮＡＤ』もまた、そうしたバッシングの対象になりそうなコンテンツでした。「やたらと目の大きな女の子がたくさん出てくるパソコンゲーム」といえば、だいたい想像していただけるのではないでしょうか。

ところがその内容やストーリーは、オタク向けとしては風変わりなものでした。

『ＣＬＡＮＮＡＤ』の主人公は、「これって私」「俺ってこういう人間だ」と言えるものが何もない、勉強や部活動や趣味をアイデンティティの構成要素にしきれない劣等生です。その彼が、同級生や周囲の年上の人たちとの付き合いのなかでアイデンティティを確立し、将来の伴侶と付き合うようになるまでが前半章、高校を卒業後、電気工事士として働きはじめ、結婚して、家族の幸福を願うようになっていくのが後半章の主な筋書きでした。

若者が自分のアイデンティティの構成要素を見出しながら成長していく物語や、男性と女性が結ばれるまでを描く物語なら、サブカルチャーのどこにでもあります。しかし、**「若者」としての成長物語を描いたあとに「大人」になっていく紆余曲折**までを、大きなボリュームを割いて描いた物語は、オタク向けのコンテンツのなかにはまずありません。

物語の前半から、『CLANNAD』には複数の「大人」が登場します。

子どもの未来を案じながら飛行機事故で死んだ親。教え子のことを自分の子どものように慕う定年教師。主人公のミスに対して「お前に後輩ができたとき、そいつの失敗をフォローしてやれ。それがお前の仕事だ」と告げる先輩。前半パートの主人公は、こうした台詞のひとつひとつを、ひとりの「若者」として受け止めていきます。

ところが主人公が結婚して子どもをもうけてからは、こうした台詞を「若者」としては受け止められなくなります。後輩の世話をする先輩の言動も、子どものために自分の夢や社会的地位を捨てて生きる親の生きざまも、もはや他人事ではありません。

『CLANNAD』の後半章では、それまで「若者」の立場からは見えにくかった「大人」の言動や生きざまの背景が、主人公の立場からも理解でき、共感できるものとして開けてくるさまが描かれます。前半章で描かれた「大人」たちは、そのための伏線的存在だったのでしょう。そのストーリーラインのおかげで私は、年上が年下の成長を願う気持ちを尊いものとみなすことができました。いつか、自分も同じような「大人」になる日が来るとしたら、それは歓迎したいし、やってみたいとも思ったものでした。

「若者」としてのアドバンテージを失っても、「大人」としてのアドバンテージが待っていて、「若者」とは違ったかたちの幸福のありようが存在し得ることを、私はこのアンバランスなコンテンツから教わりました。そして「大人」に向かって一歩踏み出すべきか迷ったときに、何がこれから起こり得るのか、どのようなことを願いながら生きていけば良いのか思い起こさせてくれたのも『ＣＬＡＮＮＡＤ』でした。

アイデンティティが確立するまでの成長物語ではなく、そこから先の「若者」から「大人」に変わっていくところまでを肯定的に物語るコンテンツが、世の中にもっとあっていいんじゃないか……『ＣＬＡＮＮＡＤ』を越える『ＣＬＡＮＮＡＤ』のような物語がサブカルチャーに爆誕してもいいんじゃないかと、私はいまも待ち望んでいます。

田舎のマイルドヤンキーのほうが「大人」を始めやすい理由

ところで、その『CLANNAD』の主人公は高卒の電気工事士でした。そのうえ、不良との喧嘩が描かれ、登場人物の大半が地元に就職し、個人の夢より家族の幸福に焦点を絞っている点などをみていると、都会の高学歴なオタクが感情移入するのに最適なコンテンツというより、地方や郊外の地元志向な若者――最近のマーケティング用語ではマイルドヤンキーと呼ばれるような――に最適なコンテンツのようにもみえます。『CLANNAD』を支持したオタクたちは、意外とマイルドヤンキーに近い存在だったのかもしれません。

『CLANNAD』で描かれたような、**地方の高卒〜専門学校卒や高専卒の人たちは「大人」を始める時期が早い**ように見受けられます。その理由の第一は、彼らのアイデンティティ、つまり「これって私」「俺ってこういう人間だ」の構成要素が、比較的早い段階で揃うからです。

高校や専門学校を出て地元に就職する彼らは、人生の方向性が定まりやすく、そこから変化していく可能性を考える必要性があまりありません。都会の大学に進学する人々よりもずっと就職時期が早く、キャリアアップのために転勤を繰り返したがる人もあまりいません。また、地元を愛しているとも、地元を離れられないとも言える彼らには、「地元」というアイデンティティが固定的に備わってもいます。

こうした事情もあって、彼らのなかには「自分探し」を続ける人が少なく、結婚も早く、子育ても早い時期に始めがちです。これを裏付けるように、厚労省の人口動態統計を見ると、女性の初婚年齢が遅いのは東京近郊や京都、大阪などであるのに対して地方では早く、同じ都道府県内でも、県庁所在地よりも町村部のほうが結婚年齢が早い傾向にあります。

つまり、田舎のマイルドヤンキーのほうが「若者」をやめて「大人」を始める時期が早く、中年っぽい所作を身に付ける時期も早いわけです。東京に出て東京で就職した人が、たまに地元に帰ってみると、やけに地元勢が所帯じみて見えるのはこのためでしょう。

それに比べると、**高学歴、かつ大都市圏で勤める人は「大人」を始める時期がどうしても遅れます。**就職する時期が遅く、就職したとしても、キャリアアップを意識すると仕事もなかなか落ち着かず、人生の選択肢が果てしないように見えては、その方向性は箇単には決まりません。結婚も遅れやすく、したとしても、離婚率は地方より高めなので、アイデンティティの構成要素としてはちょっと弱めです。

さらに、実家が裕福な人は急いで仕事を落ち着かせる必要がなく、実家からの援助によって「自分探し」が無限に延長できてしまいます。大学だって入り直せますし、卒業したあとも急ぐ必要がありません。「自分探し」を長く続けられることは恵まれたことではありますが、あまりに長く「自分探し」ができてしまうのも考えものでしょう。

「自分探し」の季節も、「若者」の季節も、終わりがあればこそ愛おしいのであって、いつまでも続く「自分探し」というのも、エンドレスな夏休み同様、呪わしいもののように思われます。

都会的な生き方の人がマイルドヤンキーな生き方の人を見下したりしているのを見かけることもありますが、「大人」を始めるという視点や、アイデンティティを確立するという視点から見れば、後者のライフコースにも見るべきものがあるはずです。「若者」に早々に見切りをつけて「大人」を始める彼らのほうが、**伴侶のために家族のために生きる喜びに早く目覚めて、そのぶん、多くの時間とエネルギーをそこに注ぎ込むことができる**のですから。

空に浮かんだ夢から、地に足のついた夢へ

いつかは――というよりいつの間にか――「これって私」「俺ってこういう人間だ」を取捨選択できる時期には終わりがやってきます。

それは、キャリアアップの限界というかたちで到来するかもしれませんし、結婚適齢期をいつの間にか過ぎてしまったというかたちをとるかもしれません。仕事や人脈のしがらみ、長年の積み重ねによって抱えてしまった歴史や事情かもしれません。いずれにせよ、何も備えずに「若者」気取りで生きてきた人には、不意打ちのようなかたちで、おじさんおばさんとしての人生が立ち上がってくるでしょう。

「若者」をやめる時期が多少遅れても、それはそれで構いやしません。しかしながら、「大人」を始める準備も心構えもできず、何もかもが中途半端なまま、**気が付いたら中年になってしまっていて、アイデンティティの構成要素が選択困難になってしまうの**

は、「若者」の落着地点としてはほろ苦いものがあるように思われます。

「大人」が始まるタイムリミットについて無自覚なまま、いつまでも「若者」を続けるつもりでいるうちに、落ち着きのない「大人」になし崩しに突入して、それがそのまま自分にへばりついたアイデンティティになってしまうのも、それはそれでひとつの人生です。しかし、おそらくまだ「若者」なあなたには、「大人」への突入をもっと自覚的に、用意周到で覚悟のすわったものにする余地もあります。私としては、できるだけ準備をしたうえで、「大人」という次のステージを迎えていただきたいものです。

第4章

上司や先輩を見つめるポイント

年上の人たちは未来情報の宝庫

あなたは、おじさんやおばさんと会話するのは好きですか？

私は子ども時代から近所の年上の人々と話す機会が多かったせいか、年上の話を聞くのが好きでした。精神科医になってからも、自分の3倍ぐらいの年齢の大先輩が昔話をリピートするのを、わりと喜んで聞いていたように思います。職業柄、年上の患者さんから人生についての洞察を教えていただくこともよくありました。

年上の人たちは、私が体験したことのない昔話を語り、私とは違った時代や価値観のなかで生きてきた記憶を教えてくれます。第1章で私は、「大人」の要件として「世代や立場が違う人に、その違いを踏まえて対応すること」と書きましたが、上司や先輩の話を聞いていると、なるほど、年上と自分は世代も立場も違い、価値観も違っていることがわかります。だから、年上の人たちと会話し、違った世代や立場や価値観について知っておくと、それだけで「大人」を始める際の材料になるように思われます。

なにより、年上の人たちと付き合っていると、同世代との付き合いからは得られない、年上ならではのヒントが得られます。

年上の人は、生物としての加齢や社会的な立場の変化を先取りしている点では、自分もこれから進むであろう未来を先取りしていると言えます。たとえば、自分と同じ職業の、10歳年上の先輩から話を聞けば、自分が10年後に身体や健康に対してどういう捉え方をしているのか、彼らのポジションに就いたら自分がどういう心境になるのか、推定する手がかりが得られるでしょう。

反面、生きている時代も抱えている価値観も異なっているので、彼らの言うことをストレートに自分自身に当てはめるわけにはいきません。また、ときには年上の話が面白くなかったり、同じ話を何遍も繰り返されてうんざりしてしまうこともあるでしょう。なかには、あんな風な中年には絶対になりたくない、と嫌悪を感じる年上もいるかと思います。

けれども、そういった好印象とは言いがたい部分も含めて、年上とのコミュニケーションは、その気にさえなれば、未来の自分自身の境遇や悩みを推測する、貴重な情報源となり得ます。

より古い時代を、より長く生きてきた彼らを、自分自身がこれからを生きていくための情報源として〝活用〟するためのポイントはどのようなものでしょうか。第4章はそういったことを中心に書いていきます。

「若いうちに勉強しろ」「遊んでおけ」と言う年長者は結局何が言いたいのか？

たぶん、誰もが一度は耳にしたことがあるかと思いますが、上司や先輩はしばしば「若いうちに勉強しておけ」「若いうちに遊んでおけ」などと口にします。

若者にとって、「若いうちに〇〇しておけ」という物言いは、お節介《せっかい》に聞こえるかもしれませんね。あなたがたはあなたがたで、若者として毎日を忙しく、一生懸命に生きているはずですから。その点を忖度《そんたく》することなく、ああしろこうしろと講釈を垂れる中年がうっとうしく思えることもあるでしょう。

中年の「若いうちに〇〇しておけ」という説教には、単にあなたがたの将来を慮《おもんぱか》って助言している部分ももちろんあります。しかしそれ以上に彼らの語り口には、彼らが「若者」

だった頃にインストールした手札や積み重ねた経験をもとに生きていくほかなく、若い頃にやっておかなかったものの不足をどうにもできないまま生きていることへの嘆きが含まれています。

若者が一生懸命に生きているのとはまた違ったかたちで、中年もまた、毎日を一生懸命に生きています。若者は、アイデンティティの確立も含めて、自分自身の成長や未来のために生き抜いていかなければなりませんが、中年は、これまでに自分が作りあげてきたもの、やってきたことの結果としての現在を生きていかなければなりません。

たとえば中年は、結婚したら結婚したで、しないならしないで、自分が過去に作りあげてきた現在からは逃れられません。もちろん、既婚者には離婚という手もありますが、離婚してバツイチとして生きていく場合も、過去に結婚して離婚したという履歴はずっと残ります。

仕事でもそれは同じです。ある程度責任ある立場となって、年収も上がり、部下も指導するようになれば、簡単にはそれらを手放せません。逆に、責任を持たせてもらえない立場であったとしても、責任を持たせてもらえない中年としての人生を、やはり簡単には手放せません。数十年の歳月のなかで、他人からの評価も、自分自身が抱いているセルフイメージも、だいたいできあがってしまっているからです。

どちらにせよ、過去が積み重なってできあがった結果としての現在によって、中年の人生はおおよそ決まってしまっているのです。

若者は、まだ過去が積み重なりきっていませんし、立場も固まっていません。バイタリティもあります。ゆえに、中年に比べれば人生を変える余地はずっとあります。私たち中年はそのことを痛感しているので、まだ未来の選択の自由がある若者を見ると、「若いうちに〇〇をやっておきなさい」と言いたくなってしまうわけです。若者の可能性の豊かさにあてられたとき、つい、**アドバイスの体裁を取りつつ、結果の蓄積によって身動きがとれなくなった中年の境遇をぼやきたくなってしまう**のだと私は見ています。

しかし、そういったアドバイスの体裁をとったぼやきのなかには、その中年自身が若いうちに身に付け損ねて苦労したことや、逆に、その中年が若いうちに身に付けておいて役に立ったことといった、多種多様な人生経験が溶け込んでいます。そういった経験談から、自分にとって役立つエッセンスを読み取れるなら、きっとあなた自身の未来予想に役に立つでしょう。

たとえば、若い頃から堅実に生きてきて、公務員として勤務している40歳女性・子持ちが語る「若いうちに〇〇をやっておきなさい」と、大学時代はほとんど授業に出ずに遊びまわり、現在は自営業として生きている40歳男性・独身が語る「若いうちに○○をやっておきなさい」では、言葉は同じでも意味するところはかなり違っています。あなたの性別や境遇、職業はどちらに近いでしょうか？

どの年上のぼやきが一番役に立ちそうなのか、どんな上司や先輩のぼやきが自分の未来を考える参考になり得るのか——そういったことの見極めが重要になるわけです。

「こんな風に歳を取りたい」と思える人は大事なロールモデル

もし、あなたの身の回りに「この人の昔話は、なんだか役に立つような気がする」「自分の経歴や性格から言って、将来の自分はこんな風になれたらいいのにな」と思える上司や先輩を発見したら、しめたものです。そういう人は、**あなたが若いうちに経験しておいたほうが良いことを知っているか、経験済みである可能性が高い**と思われます。その人の昔話や、「若いうちに○○しておいたほうが良い」は、あなたの近未来を探る手掛かりになるかもしれません。少なくとも、そう読み取れる余地はあります。

私生活の面で、自分の将来がダブって見える年上を見かけたら、よくよく眺めておきましょう。たとえば食生活、友人関係、夫婦関係に対して、彼／彼女がどんな風に気を遣っているのか、何を気に入っていて何を避けているのか、注意深く観察して参考にします。真似できるところは真似すればいいですし、彼らが直面している困難に対して事前に手が打てそうなら手を打ってしまいましょう。あなたのほうが若いぶん、事前に対策を立てるための時間はあるはずです。

同様に、自分が歩みそうなキャリアを重ねている上司や先輩がいたら、その人のコミュニケーションの機敏をよく学んだり、上司と部下の間でどう立ち回っているのかを見つめたりしておきましょう。また、その人が、たとえば腰痛や肩こりに悩んでいる様子があったら、そうした悩みは職業病として将来あなたにもやってくる可能性が高いと想定しておくべきです。上司や先輩をただの他人と見てかかるのでなく、将来の自分自身との共通点を想像しながら観察し、話を聞ける機会にはいろいろ聞いてみましょう。うまくいけば、あなたがその立場に立つことになった頃の未来情報がどっさり手に入ります。

このような「お手本戦略」を採るにあたってのポイントは、**ある程度敬意を持てるよ**

うな上司や先輩をお手本に選べるかどうか、です。

人間は、自分が敬意を感じていない相手からよりも、敬意を感じている相手からのほうが、多くのことを素直に学びやすいものです。真似ようとする際にもコピー・アンド・ペーストの精度が高くなります。また、コピー・アンド・ペーストしているさまを相手に気付かれても、毛嫌いされずに済む確率が高くなります――あなたが敬意を持ちながら学ぼうとするぶんには、上司や先輩も満更ではないということです（詳しくは拙著『認められたい』、ヴィレッジブックス、を参照）。

それゆえ、あなたが他人のことを軽蔑しがちな人物なのか、それとも他人に敬意を払いがちな人物なのかによって「お手本戦略」の成功確率はだいぶ左右されるでしょう。他人の短所にまず目がいく人より、他人の長所にまず目がいく人のほうが、年上のロールモデルを見つけやすく、そこから未来の自分に役立つ情報や教訓を学び取りやすい、とも言い換えられるかもしれません。

世の中は常に移り変わっているので、上司や先輩の真似をすればなんでもうまくいくわけではありません。年齢や職業にまつわる普遍的なところは自分の世代でも役に立つ可能性が高そうですが、時代やテクノロジーや流行によって変化しそうなところを真似したところで、じきに時代遅れになっていくでしょう。自分の世代に適用して構わない部分と、合いそうにない部分は見分ける必要があります。

しかし、そういった見分けができる限りは、職業やライフスタイルや性格が似ていて、ロールモデルにできそうな上司や先輩は、あなたの未来を見据えるための情報の宝庫です。彼らの生きざま、生態、日頃のぼやきなどから、未来の参考になりそうな情報をどんどん引っこ抜きましょう。

反面教師の利用方法

ひとことで「年上」と言っても、ライフスタイルは多種多様ですし、価値観も言動もさまざまです。なかには、「あんなおじさんおばさんには絶対になりたくない」と感じる上司や先輩もいるはずです。

そういう年上も、相手の反感をむやみに買わないように注意を払いながら、こっそり観察を続けましょう。そしてなんであれ、その人と同じライフスタイルの路線を選ばずに済む方法を考えましょう。

どうして、あんなおじさんおばさんができあがってしまったのでしょうか？

どんな人生を歩んだら、ああいう残念な生態に辿り着いてしまうのでしょうか？

そうやって考えながら、長く観察したり耳を澄ましたりしていると、じきに、色んなことがわかってきたり見えてきます。

あなたから見て残念に見える上司や先輩が、残念なライフスタイルや言動を続けている背景には、それ相応の理由やいきさつがあるものです。中年の生態に「偶然が重なって、そういうライフスタイルや処世術ができあがった」などということはありません。原因と結果と呼べるような、はっきりとした因果関係は見通せないとしても、あるライフスタイル、ある言動が存在し続けているからには、それが続くだけの成立基盤や背景が存在していると読むべきです。

とはいえ、そういう〝読み〟を働かせるのは難しい……それならとりあえず、反面教師となる上司や先輩と同じような言動を避けて、**彼らとの価値観や言動の共通点をなるべく減らしてみる**のはいかがでしょうか。反面教師との共通点を減らしておけば、そのぶん似てしまうリスクも減るはずです。とりわけ、年齢が数歳程度しか違わず、性別も職業も共通している反面教師の場合は、たったそれだけの異なる選択でも、数年後にはだいぶ違った未来に辿り着いているでしょう。

その際、少し立ち止まって振り返っておくべき注意点について書いておきます。

あなたが誰かのことを反面教師として敬遠する際、どこか自分に似たようなところがあって苛立ちを感じて「ああはなりたくない」と思っているふしはないものでしょうか。

その場合は、単に反面教師を嫌っているというだけでなく、自分自身に潜んでいる気に入らない要素や許せない要素を目の前の年上に投影して、せいせいしているという側面を伴っている可能性があります。

あるいは、たとえばあなたが同性の親を嫌っていて、その気持ちと他の年上を反面教師にしたい気持ちがリンクしている場合は、目の前の残念な年上が問題であるよりも、あなた自身の親子関係が反映されているだけなのかもしれません。

この〝反面教師問題〟を精神分析的に考えるなら、「誰かを反面教師とみなす」強い気持ちのうち、どれぐらいが相手を純粋に嫌っている気持ちで、どれぐらいが自分の内側に潜んでいる嫌悪感が投影されたものなのか、そのあたりを見極めなければなりません。とはいえ、このあたりはひとりではそうそう見極められるものではなく、第三者から指摘されたとしてもなかなか認められるものではないのですが。

なぜ、こんなややこしい話を書いているかというと、もし反面教師の問題点を嫌っている以上に、自分自身の内側に潜んでいるものを嫌っている場合は、ただ反面教師との共通点を減らしていくだけでは、それほどうまくいかないからです。**反面教師を嫌うことによって、自分の嫌いなところをますます嫌いになってしまいます。**そうなると、自分自身の内側に潜んでいる嫌いなところを好きになることはおろか、せめて折り合いをつけるのもますます困難になり、心の課題としていつまでも残ることになってしまいます。

「別に、自分自身の全部を好きにならなくったっていい」という人もいらっしゃるでしょうし、それもそれでひとつの考え方ではあります。そのかわり、自分の嫌いな部分を他人に投影し、自分自身の嫌いなところから目を逸らして生き続けていると、そこに自己認識の盲点ができてしまいます。こうした自己認識の盲点がすっかりできあがってしまうと、自分の弱点やコンプレックスが自覚できずにいつまでも直せないという、人生を豊かにしていくうえで大きな妨げになる欠点を背負ってしまいます。また、こうした盲点は人間観察に慣れている第三者には見破られやすいので、悪意を持った相手に心のセキュリティーホールとして利用されてしまうおそれもあります。お気をつけてください。

アイデンティティが確立した中年のモノの見え方

おじさんおばさんのなかには、若かった頃に比べて流行に鈍感で、ファッションに気を配らなくなる人も多く見受けられます。デジタルガジェットやSNSの流行も、テレビで紹介されるぐらいの流行の末期についていきて、それをありがたがっています。飲食店で出された手ぬぐいで顔を拭いている中年もいます。そういったおじさんおばさんの身振りを、心底軽蔑している人も多いのではないでしょうか。

ただし、これらは若者の視点で中年を眺めたらそう見えるという話で、中年側から若者を眺めると、正反対の視点も成立します。

つまり、**若者は流行に対するアンテナ感度を常に高くしておかなければならないし、ファッションにも気を配らなければならないから大変だ**、という視点です。

第3章で書いたとおり、若者はまだアイデンティティが確立していないので、自分にとって一番しっくりくる「これって私」「俺ってこういう人間だ」を探していかなければなりません。そのためにも、アンテナ感度を高くしておく必要がありますし、自分が選んだチョイスが他人にどう映っているのか気にしなければなりません。服装、アプリ、コンテンツ、身のこなし、なんにしてもそうです。

「時代が変わり、昔ほど流行がはっきりしなくなった」などと言う人もいますが、たとえばiPhoneやInstagramが流行ったときのことを思い出してみてください。流行の対象は大きく変わったかもしれませんが、流行に敏感であり続けようとする若者の性質そのものは変わっていません。そして、敏感であり続けようとすることは、決して楽なことでもありません。

最新の流行を追いかけるためには、時間的にも体力的にもコストがかかります。たとえばファッションの流行を追いかけようと思ったら、ショップを巡回したり街の様子を眺めたり、いろいろなことをしなければなりません。もちろん、服や靴やアクセサリを買い揃えるにはお金もかかりますし、最近ならＳＮＳやネット通販にも目を光らせておかなければならないでしょう。

流行りの音楽や映画なども同様です。新しいもの、流行っているもの、これから流行るものを把握しようとするほど、アンテナ感度を高くするための時間的／体力的／経済的コストは高くなります。あれもこれも流行の最先端でいたいと願う人は、あちこちの領域に対してそのコストを支払わなければなりません。流行を追いかけているうちにヘトヘトになってしまったり、学業や仕事に支障をきたしてしまったりするやもしれません。

対照的に、中年はアイデンティティが確立してしまっているので、自分のとってベストな「これって私」「俺ってこういう人間だ」は、良くも悪くもだいたい決まっています。「自分探し」をする必要もありませんし、する余地もありません。いまの自分自身が自分なのであって、それは、小手先のファッションやガジェットで変更がきくようなものではありません。いまさら新しいものに飛び付いてみたところで、新しい自分が見つかるなんてことは期待できないということでもありますし、逆に言えばガラケーを使い続けていたって構わないということでもあります。

友人関係や配偶者といった、人間関係にまつわるアイデンティティもだいたいのものができあがってしまっているので、むやみに背伸びしてみせる必要はありません。自分自身の自意識に対しても同様で、「ご立派な人間でありたい」「もっと人気者になりたい」などといった幻想はとうの昔に消え失せて、開き直ることができます。

自分にとってベターなアイデンティティを探している最中の人間にとって最適な生き方と、すでにアイデンティティができあがってしまっている人間にとって

最適な生き方は、イコールではない――この認識が「若者」をやめて「大人」になっていく際の心構えとして、きわめて重要なポイントになります。

さきほど「反面教師の言動は避けましょう」とお勧めしましたが、若者から嫌悪されやすく、反面教師とみなされやすい中年の振る舞いのなかには、こうした「若者」の頃には不適にしか見えないけれども、「大人」になってからは最適なものが多分に混じっています。あなたがまだ「若者」をやるのに大忙しなうちは、そうした中年らしさを存分に嫌っても構わないとは思いますが、年齢が進んで、そろそろ「大人」が始まりそうな年頃になってからは、中年の振る舞いを一律に嫌悪するのではなく、中年たちがなぜああいった行動をするのか、その背景や合理性について考えてみたほうが良いと思います。

そして、もしあなたが「大人」の側に突入したと実感したなら、若者時代には嫌悪していた振る舞いもどんどん取り入れていきましょう。おじさんやおばさんになったなら、他人の目線や自分自身の自意識に対して、もう、そんなに敏感すぎなくても構わないのです。無理矢理に「若者」の延長戦を続けるよりも、思い切って手のひらを返してしまいましょう。そのほうが絶対に楽に生きられます。「若者」ならではの辛さから降りられるのは、中年の大いなる救いです。

40歳、夢から醒めて、逃げ場なし

世間では、40歳のことを「不惑」と呼びます。

若い頃、私は「不惑」とは〝惑わず〟なのだと考えていましたが、いざ、40歳になってみてわかったのは、〝惑えず〟のほうが実態に近いということでした。

もう、惑う余地がないほど、自分の過去の選択、自分で作りあげてしまった立場やライフスタイルといったものが自分自身にこびりついてしまっていて、それらを手放すことが困難になっていました。なにせ、それらは長年かけて確立してきた私のアイデンティティでもあるのです。

もし、それらを無理矢理に手放せば、「新しい自分探し」を再開できるというより、過去の選択や作りあげた自分の立場やアイデンティティが崩壊してしまい、「何もかも失った中年」というノックアウト状態ができあがるだろう――そういう危機意識が芽生えるようになりました。

だから私は、もう〝惑えなくなりました〟。

私が人生を選択する季節はだいたい終わって、これからは、**選んだ立場やライフスタイルの延長線上としての人生をしっかりと生きていくしかない**し、そうやって生きても構わないのだと、いまの私は思っています。この、自分が歩んでいく人生のレールは、ある時期までは親が先導したものだったかもしれませんが、思春期以降は自分で選んで、自分で敷いてきた結果の産物ですから、無理に脱線する必要もないし、すべきでもないのだと思います。自分が敷いてきた人生のレールから脱線してしまえば、過去の自分の選択のかなりの部分が無意味になったり、これまで蓄積してきたアドバンテージを放棄したりすることにもなりかねません。これまでに付き合ってきた人間関係や家族関係にも影響が出るでしょう。

だから、これからの私が人生の軌道修正をしていくとしても、「若者」にありがちな急激な変化はあり得ず、これまで獲得してきた立場やライフスタイルやアイデンティティを侵さない範囲で、少しずつレールの向きを変えていくようなスタイルになるでしょう。この歳で無茶をして、人生もアイデンティティも崩壊してしまった境遇は迎えたくないですから。

なお、立場もライフスタイルも人間関係もできないまま不惑を迎えた場合でも、身動きできる余地が少なくなる点は変わりません。その場合は「立場もライフスタイルも人間関係もできないまま、身動きが取れない不惑のおじさんおばさん」ができあがってしまいます。何もないまま中年になってしまうと「何もない中年」が爆誕してしまうので注意が必要です。

話を戻しましょう。

あなたも、やがて「不惑」を迎える日が来ます。中年になっても、さらに年上から学んだり反面教師を教訓にしたりできる点は変わりませんが、「若者」に比べて長く生きたぶん、あなたという人間はもうできあがってしまっていて、そのぶん、人生の余白は少なくなっていることでしょう。昨今はアンチエイジングの技術の発展が取り沙汰されていますが、生きれば生きるほど立場やライフスタイルができあがり、人間関係や家族関係などを抱えて身動きが取れなくなっていくという、社会的加齢の部分まではアンチエイジングすることはできません。

こうした社会的加齢を「老い」と言ってしまう人もいますが、私はそれこそが「大人」ならではの「成熟」なのだと信じています。長く生きて、長く生きたぶんだけ結果が積み重なって、それで人生のレールがだいたい自分のものとして定まっていくのは、たとえ軌道修正の余地が小さくなっていくとしても、悪くないことではないでしょうか。

あなたが「不惑」を過ぎて、若者時代ほどにはコロコロと変わらなくなった／変えられなくなったとしたら、そのときのあなたは、「あなた自身がこれまでの人生で積み重ねてきたもの／選んできたものの集大成」です。「不惑」に逃げ場はないことを嘆くのでなく「逃げる必要なんてない」「ここにいる自分が自分なんだ」「これで生きていこう」と思えるなら、あなたの「不惑」はうまくいっているのだと思います。

あなたの目に映る中年のなかで、迷うことなく自分の人生を歩いている人がいたとしたら、その人はただそれだけでうまくいっている人、よくやっている人だと思って構わないと私は思います。

もちろん、客観的に見れば決してバラ色の人生とは言えない境遇を生きている中年もいるでしょうし、過去の選択を悔やみながら生き続けている中年だっているでしょう。それでも、その人たちが歳を取ったことを過剰に嘆くのでなく、これまで積み重ねてきた集大成としての自分自身を抱えて生きていて、そんな自分を否定したり卑下《ひげ》したりせず生きているなら、やはり、その中年はよくやっていると言えるのではないでしょうか。

長く人生を抱えてきた人は、それだけで結構すごい

このように、40代になった私は「若者」のようには自分自身を変えられず、これまでの積み重ねや選択を背中に背負ったまま生きていかなければならないし、それが自分自身なのだと感じるようになりました。50代、60代、70代になれば、いっそう人生の余白は小さくなり、人生に軌道修正をかけられる度合いも小さくなっていくでしょう。そうなったとき、開き直るスタイルでいくのか、もう少し謹厳なスタイルでいくのかはまだ決めていませんが、どちらにせよ、自分が生きてきた歴史や積み重ねてきた選択といま以上に向き合いながら生きていくことになるだろうと、私は想定しています。

そういう視点で人生の大先輩がたを眺めて、彼らが背負っている歴史の長さや積み重ねの大きさに思いを馳せると、クラクラせずにはいられません。

長く生きている人はみな、長く生きてきたぶんだけ、たくさんの事情やしがらみも引きずっていることとしょう。「若者」だった頃は、やれ、親のせいだ、社会のせいだと、自分自

身の不遇について責任転嫁のしようもあったかもしれませんが、自分の人生を自分の選択によって生きてきたという自覚を持っている限り、彼らにそのような言い逃れをする余地がほとんどありません。

彼らには残り時間もありません。ふた回りほど年上の上司や先輩を眺めていて気付くのですが、年上の身体は少しずつ衰えていて、人生を軌道修正するための時間やバイタリティもだんだん少なくなっているのがみてとれます。もし、彼らが彼ら自身で敷いた人生のレールから逸れたくなっても、小さな軌道修正をかけるぐらいがせいぜいでしょう。

それほどまでに変更の余地がなくなり、自分が積み重ねてきた歴史と向き合わなければならない身の上を生きているにも関わらず、すねることもなく、粛々と毎日を生きている――大成功した人、恵まれた人だけがそうしているのでなく、一敗地に塗《まみ》れた人、恵まれない人のほとんどもそうしています。内心はともかく、少なくとも表向きとしては、**人生の諸先輩がたの大半は自分の人生を受け止めながら、ちゃんと生き続けている**のです。

この視点をさらに推し進めて考えてみるなら、年下から敬意を集めやすい〝立派な〟年上よりも、年下から嫌悪されたり侮蔑《ぶべつ》されたりしながら生きている〝駄目な〟年上こそが、驚くに値する存在なのかもしれません。

〝駄目な〟年上も、年下から嫌悪や侮蔑を集めるような後半生を好きこのんで選んだわけではないでしょう。できれば敬意を集めやすい年上として生きてみたかったか、せめて、年下から嫌悪や侮蔑を集めるような境遇は避けたかったと思われます。それでも彼らは、そのような自分自身を投げ出すことなく、なおも生き続けているのです。そのことに、あなたはすごみを感じませんか？　私は率直に言ってすごいと感じます。**〝駄目な〟年上が、それでも生きていく／生きていかざるを得ない事実からも学び取れるものは少なくない**はずです。

私がまだ若者だった頃には、たくさんの人から敬意を集めている年長者もそうでない年長者も、長い時間をかけてできあがった自分自身の人生を受け止めて生きているというだけでもすごくて尊いという視点は欠如していました。「なんでもできるし、なんにでもなれる」可能性を秘めている「若者」と、名声を確立して誰からも尊敬されている年長者だけが、すごくて尊いと思い込んでいたのです。

しかし、「若者」が終わって「大人」が始まり、自分自身の積み重ねや歴史から逃れられないと感じるようになってからは、長く生きて自分自身の積み重ねや歴史を受け止めている年上はみんなたいしたものだと思うようになりました。これに伴って、人を見る目や社会を見る目がだいぶ変わったように思います。

きっとあなたも、歳を取ればこのことに気が付く日が来ることでしょう。もちろん、気付いたからといって年上の言動にうんざりさせられることがなくなるわけではありません。だとしても、「それでもあの人はいまを生きている」ことに対してリスペクトを払う感覚が生じるにつれて、年上の生きざまが違った風に見えてきて驚くのではないかと思います。

第5章

後輩や部下に接するとき、どう振る舞うか

あなたが「大人」になったとき、「若者」をどう見るか

この第5章では、部下や後輩といった、年下との接し方について書いていきます。自分は若者だからそんなことは考えなくても構わない、と感じる人もいるかもしれません。しかし、あなたより年上がいるのと同じ道理で、あなたより年下が世の中には存在します。順番からいって、そう遠くない将来、今度はあなたが年下の「若者」に対してひとりの「大人」として向きあう日がやって来るはずです。すでにあなたに部下や後輩がいるなら、年下に対して「大人」として対応しなければならない状況がすでに始まっているとみるべきでしょう。

第4章では、中年にありがちなお説教として「若いうちに〇〇しておけ」を挙げましたが、上司や先輩としてついつい部下や後輩に余計なことを言ってしまいたくなる状況はほかにも色々あるものです。

たとえばあなたは、自分より年下の人が新しいガジェットを使いこなしていたり、自分の知らない流行を先取りしていたりしたときに、複雑な感情を抱いた経験はありませんか？

年下の間で人気の音楽や漫画を「くだらないものに夢中になっている」と切って捨てたり、年下の間で流行り始めたファッションやアプリに苛立ちを感じたりすることは、これまでの人生のなかであなたも経験したことがあるかと思います。中学生になれば小学生の流行が幼稚にみえて、高校生になれば中学生の流行が中二病的に見えることを思えば、その延長線上のフィーリングとして、間違っていないようにもみえます。

しかし、中年になったあともその感覚のままでは、新しいものを何も身に付けられないロートル中年に向かって一直線で、年下からは、さぞ頭の固くて古臭い年上とみなされることでしょう。

小学生や中学生などとは違って、一定の年齢を迎えた「若者」はある程度の判断力と行動力と瑞々しい感性を持ち合わせています。経験がまだ浅く、知識も不十分で粗削りかもしれませんが、アイデンティティが定まっていないおかげもあってアンテナ感度は高く、中年や高齢者より小回りが利きます。そうしたこともあって、世の中に新風を送り込むのはたいてい「若者」です。

にも関わらず、部下や後輩の言うことを軽くみたり、「若者」のアドバンテージに嫉妬や苛立ちを感じたりするあまり、彼らのやっていることや知っていることに背を向けてしまえば、失うものは小さくないのではないでしょうか。

自分より年上と付き合う際に注意しておいたほうが良いことがあるのと同じく、自分より年下と付き合う際にも注意しておいたほうが良いことがいろいろあります。年下を「愚かな新しいもの好き」と決めつけるのと、「自分が知らない新しいものをもたらしてくれる可能性」と見るのでは、年下から得られることも学べることも大きく違ってくるでしょうし、部下や後輩との関係性も変わってきます。

年下の「若者」に対して、年上の「大人」になっていくあなたに何ができるでしょうか。

情報がネットで手に入る時代に年上であるということ

第4章で年上を観察することで未来に備える方法について書きましたが、そうやって年上を見ている年下がいるということは、あなたもまた年下からはそのように観察されて、参考にされたり反面教師にされたりしているということです。

あなたは年下からどのように観察されて、どのように評価されているでしょうか。

誰かをロールモデルやお手本にするのも簡単ではありませんが、誰かのロールモデルやお手本になってみせたり、何か教えを授けたりできるようになるのも、それはそれで難しいものです。

一昔前までは、ただ年上であるだけで、ただ経験を重ねているだけで、ある程度までは尊敬される――少なくとも最低限の敬意は払ってもらえる見込みがありました。年上を敬う儒教的な考え方が強かったというのもありますし、それ以上に、年上の知識や経験が年下の生活や仕事にプラスの影響を与えることも珍しくなかったからです。

たとえば農業や漁業の分野では、知識と経験を極めた高齢のベテランが長年にわたって研ぎ澄ました勘を駆使して活躍していました。専門書も天気予報もインターネットも使えなかった時代には、そういった知識や経験の積み重ねが収穫量の明暗や職業としての生命線に直結していたわけです。また、「おばあちゃんの知恵袋」という言葉が象徴しているように、お年寄りの長年の知識は重宝されていました。

しかしいま、都市や郊外で暮らす人々が高齢者に知識や経験を期待する分野は、ほとんど存在しないのではないでしょうか。

世の中の仕事の大半がサービス業や情報産業に変わり、急速に情報技術が発達するようになってからは、若い頃に蓄積した知識やノウハウが数年後には時代遅れになってしまうことが珍しくなくなりました。パソコンもアプリも使えず、時代錯誤の知識しか持ち合わせていない年長者のことを、「若者」たちがどのように眺めているかは推して知るべきでしょう。

そもそも、**知識がたくさんあること自体に昔ほどの値打ちがなくなりました。**情報が氾濫《はんらん》し、新旧のあらゆるテキストがwikipediaやAmazonに揃っていて、論文すらオンラインで読めてしまう社会では、たくさん知識や経験があるからといって、その知識に敬意を払ってもらえるわけではありません。少なくとも、あなたが知識や含蓄を披露したところで、それがインターネットで簡単に検索できる程度のものなら、誰も敬意を払ってくれないでしょう。

他人から自分が敬意を払ってもらえると期待するのは難しいものですが、それが自分より年下の人からであればなおさらです。世の中が変わって、知識や経験が敬意を払われるファクターとして弱くなった社会では、未来のあなたに対して未来の「若者」が敬意を払ってくれる可能性は低く見積もらざるを得ません。

それでも敬意を払ってもらえるような「大人」でありたいというのなら、未来の自分に年下に提供できるものはなんなのか、年下にできることは一体なんなのかを考える必要があるでしょう。

あなたが40歳、50歳になったとき、どういったものを年下の人間に差し出せますか？

そういうことをときどき考えるのと、まったく考えないのでは、あなたの人生選択は幾分変わってくるでしょうし、「大人」になってからの選択の積み重ねも違ってくるでしょう。あまり多くのものは差し出せそうにないと感じる人は、**「とりあえず若い者の迷惑にならないようにしよう」**といった結論でもいっこうに構いません。それはそれで、ひとつの「大人」の実践でしょうし、それぐらいが最善の策という人もいるはずです。年下の成長や活動を妨げてまわるような年上よりはずっと良いでしょうし、見ている人は、そういうところもちゃんと見ているはずです。

このように書くと、年下を意識するのは「面倒だな」「難しいな」と思う人もいらっしゃるかもしれません。実際、それは否定できないところで、自分と同世代とコミュニケーションするときには気にしなくて良かったことを気にしたり、想定外のすれ違いに当惑したりもするでしょう。それでも、たとえば上司や先輩として年下に向き合うときなどは、**自分に**

できる範囲で、歳が違う人への配慮を心がけるべきではないかと私は思います。それが「大人」を実践するということでしょうし、そうした実践を伴っていなかったら、年上として立つ瀬がないようにも思われるからです。

接点を持ってみなければわからない

年下に配慮しようと思ったときにまず必要なのは、**自分と異なる世代が確かに存在していて、考え方も経験していることも過去の自分とは違っている**ことを肝に銘《めい》じることではないかと思います。

たとえば中年〜老年世代にとって「最近の若い者は〜」というフレーズは永遠の定番です。しかし、年下世代とロクに話したこともないくせにそう言っているとしたら、誤解や先入観にもとづいたレッテル張りでしかなく、年下への配慮もなにもあったものではありません。

「最近の若者は本を読まない」「活気がない」「コミュニケーションがうまくない」など、いろいろなことを年長世代が嘆いているのを誰しも耳にしたことがあるでしょう。

経済界の偉い人のなかには、およそ若者との接点もないのにそういうことを言う人がいますが、彼らに嫌悪感を覚えるならば、あなたは彼らのようにならないでください。そのためには、自分より年下の人とコミュニケーションしたり、趣味や仕事の共有を厭《いと》わないようにする必要があります。

なぜ、最近の若者は本を読まないように見えて、活気がないように見えて、コミュニケーションがうまくないように見えるのか――どれも、若者の実態や実情を知れば、なるほどと思う背景があるはずです。それは、インターネットやＳＮＳをたくさん使っているせいかもしれませんし、単にあなたが世代間コミュニケーションに失敗しているせいかもしれません。昔の若者には必須だった活動がいまでは必須ではなくなって、かわりに、別の活動に時間やエネルギーを割かなければならなくなっているせいかもしれません。そういった背景に気付くためには、**実際に年下と接点を持ってみて、彼らの置かれた状況やライフスタイルを理解するヒントを探す**しかありません。

これは、年下が相手のときに限った話ではありません。近頃の中年はなっていない、近頃の高齢者は〝老害〟だと決めつける若者の側も、ちゃんと接点を持ってみて、実際どうなのか確かめてみる必要はあるでしょう。

ただし、第2章で触れたように、現代社会には、大人と子ども、年上と年下が接点を持てるような機会があまりありません。控えめに言っても、ただ待っているだけで接点を持てることはないでしょう。

20世紀からこのかた、年下のほうから積極的に年上と接点を持ってくれることは稀で、たとえば職場の付き合いでも、上司や先輩は部下や後輩から煙たがられがちです。現在のあなたがたにしても、年上と意見交換したい、上司と積極的にお近づきになりたいと思っている人の割合は、かなり少ないはずだとお見受けします。

そのことを踏まえると、たとえば10年後のあなたが、現在のあなたぐらいの年齢の年下と接点を持って理解を深めるのも、おそらく難しいと思って差し支えないでしょう。そのような接点を持つ機会があったら、それは貴重な機会です。そのようなチャンスは大切にして、謙虚な気持ちでお付き合いしましょう。

別に**「若者」を至上のものと見る必要も、「若者」ではなくなった自分を卑下する必要もありません**。ただし、年下の人間からは「年上の人間は威張っている」「上から目線になっている」と思われることがしばしばあります（この本を書いている私も、あなたがたにそんな風に見えているかもしれません）。ペコペコしすぎるのも考え物ですが、「私はあなたがたと接点を持てることを喜んでいます」「私はあなたがたをもっと知りたいし、威張りたいとは思っていません」といった意識を持ちながらでなければ、年下との接点はたやすく失われてしまうものです。

そうでなくても、年上の人間は経験の差から来る驕《おご》りに溺れてしまいがちです。驕りはだいたいロクな結果をもたらさないので、気を付けましょう。

若者はまだ未来が定まっていないから侮れない

人間は、年が若ければ若いほど急激に変わっていくものです。

たとえば26歳の若者はまだまだ伸び盛りですし、アイデンティティも変化し続けているでしょう。ですが、それより10歳若い16歳の高校生や、20歳若い6歳の子どもはそれ以上のスピードで成長して変わっていきます。

まだ幼く、経験も少ない子どもは凄まじいスピードで成長していきますが、成人ならば誰でも当たり前にできることを習得している最中なので、そのことに驚く人はあまりいません。

しかし、若干成長のスピードが落ちるとしても、20代〜30代の「若者」の成長は中年や高齢者を驚かせるには十分で、ときには脅威にすら感じられます。

私の周りにいる研修医や若手ナース、それか、ブロガーやサブカルチャー愛好家などがまさにそうですが、「男子、三日会わざれば刮目して見よ」という成句のような、爆発的な成長を目の当たりにすることがあります。

本章冒頭で触れた、年下の流行や活動に対する複雑な感情のなかには、**急激に伸びていく若者が自分に追いつき追い越していくことへの危機感や、自分たちの時代が過ぎ去って次の世代の時代に変わっていくことへの焦り、自分たちの世代には馴染みのない技術や思想を身に付けていくことへの疑念**などが含まれていることでしょう。

あなたが「若者」の側のうちは想像しにくいかもしれませんが、「大人」の側にまわった未来のあなたを、年下の「若者」が猛追してくる日が、いつかやってきます。

だから、あなたが「大人」になったとき、経験が浅かったり、知識が少ないからといって若者を侮っていると、いつかしっぺ返しを食らわされることになります。彼らはまだまだ未完成で、経験を積み重ねた未来のあなたに比べれば、総合力ではきっと劣っているはずです。

しかし、彼らの多くはものすごい勢いであなたに追いついてきますし、なかには、あなたを追い越していく者もいることでしょう。しかも、彼らが身に付けてゆく知識やノウハウは、あなたのそれらよりもアップ・トゥ・デイトなものときています。

アイデンティティが固まっていない「若者」は全体的に落ち着きがなく、一箇所に踏みとどまる堪え性も足りませんが、**時代の風向きを読み、新技術や新技能を習得するのは「大人」よりも得意**です。必然的に、年下に教えを請わなければならない場面もでてくるでしょう。そこまで考えに入れるなら、年下だからといって軽く見ることは愚の骨頂です。

あなたが中年になった頃には、現在は幼い子どもにすぎない年齢の人々が、侮りがたい「若者」に育っていることでしょう。彼らの可能性は、現在のあなたがたと同様、きっと大きいはずです。自分が「大人」と呼ばれる立場になった頃に、どう年下の「若者」と付き合っていけるか、そのためのノウハウが蓄積されているかどうかが、未来に向けたちょっとした課題になります。

後進を成長させるほうが得るものが大きくなる瞬間

さて、そうやって「若者」の成長に驚き、彼らが現在の自分よりもあとの時代を生きていくことが肌で感じられるようになると、同じ時間、同じコストをかけてより成長できるのは、自分ではなく年下のほうであり、同じ時間やコストを投下するなら、**自分自身の成長にあてるより後進の育成に同じコストを投下したほうが、組織全体や社会全体で見れば伸びしろが大きく、新しいノウハウも蓄積させやすい**……と気付くときが来ます。

まだアイデンティティの確立が終わっておらず、自分自身の成長に忙しい人が、自分の成長可能性や変化可能性よりも、他人のそれのほうが勝っている、まして、そちらに時間やお金を費やしたほうが得られるものも大きいと考えたがるとは思えません。「若者」にとって、それはほとんど自殺にも等しい思考です。

しかし、「若者」が終わり、アイデンティティもだいたい確立して、自分自身の成長も一段落して、自分の人生の行き先の輪郭が見えてくる頃には、そうとも限らなくなってきます。

「大人」としての振る舞いを期待されるようになり、年齢にふさわしい立場や責任を引き受けるようになると、自分自身の成長可能性や変化可能性を、以前ほどには意識できなくなってきます。もちろん、そういった立場や責任を引き受けている間も自分自身は成長し続けていくのですが、「大人」になってからの成長とは、レールの延長線上の成長であり、100が120に、あるいは150や200になっていくような成長です。「若者」にありがちな、0が100になったり、突然変異を起こしてXに変わったりするような爆発的成長ではなく、それまでの積み重ねの結果、という感じがあります。

目の前で急激な成長を遂げて、爆発的な成長可能性を秘めている年下の「若者」と、これまでの積み重ねの延長線上としてのみ成長していく「大人」としての自分の成長可能性が、まったく次元の違ったものであることに気付かざるを得なくなってしまうのです。

さて、そのことに気付いた中年はどうするでしょうか。

それでも自分自身の成長可能性だけ追いかけたい人、追いかけざるを得ない諸事情を抱えている人もなかにはいます。たとえば第7章で触れるアーティストのような人たちは否応なく成長して、変化していかなければならないかもしれません。そうでなくても、第1章で紹介したBさん（P.035参照）のように、無理矢理にでも人生を路線変更しようとして大変なことになってしまう人もいますし、「若者」を食い物にする人生を歩み続ける中年もいます。

しかし、少なからぬ中年は、自分自身の成長だけを追いかけ続けるのをやめて、余力があれば年下の成長を手伝いたいという気持ちが強まってきます。

第1章で、エリクソンの「成熟の課題」について紹介しましたが、彼のモデルによれば中年期の課題は「世話をすること」なのだそうです。この「世話をすること」には、子どもや後進を育てることや、社会のために活動することも含まれます。言い換えると、自分自身の成長にとにかく夢中な「若者」の心境から、自分以外にも気を遣ったり面倒を見たりすることにウエイトを置いた心境に変わっていけるかが、中年になってからの生き甲斐や人生の見え方を左右するということなのです。

「生き続ける理由」を与えてくれるもの

自分自身の成長の限界や方向性がだいたいわかってしまって、立場や責任を引き受けなければならず、「世話をすること」までやらなければならない中年という境遇は、なんとも辛いもののように見えるかもしれません。

しかし、第1章のおわりでも触れましたが、実際はそうとも限りません。

いざ私が中年を迎えて「大人」をやる立場になってみると、自分の成長にすべてを賭けずに済み、成長にあくせくしなくて済むのはずいぶん気楽なことでした。立場や責任を引き受けなければならない辛さも、むしろそれらを「引き受けている」という自負が、**自分自身が生きていて良い理由、自分が生きていかなければならない根拠**を与えてくれていて、そのおかげで生きることへの迷いを遠ざけてくれます。そして、子どもや後進の「世話をすること」を通して、自分自身が成長する喜びとはまた違った、けれども十分に報われる手応えを感じることもできています。

つまり「若者」の頃には憂鬱なもの／重荷にしか見えなかったもののおかげで、「大人」になってからの私は生きやすくなっているように感じているのでした。

この感覚は子育てをやっていく際には特に重要になります。というのも、子育てとは「自分自身の成長をある程度犠牲にしてでも、子どもの成長に時間やお金を費やして、親という立場や責任を引き受けて世話をすること」だからです。

子どもをもうけてからも「若者」的な心境を維持したままの人にとって、子育ては耐えがたい重荷になってしまいます。本当は自分自身の成長に心血を注ぎたいのに、自分よりもずっと手間がかかり、自分よりも未熟な子どもという存在に心血を注ぐよう強いられては、「若者」は精神的にもちません。

ところが「大人」の場合は、子育てをまったく違ったかたちで体感します。自分よりもずっと速い速度で成長する者の成長を支えるのは大きな生き甲斐になりますし、子育てに伴う立場や責任は、自分が生きていくことへの迷いを晴らし、生きていかなければならない根拠を与えてくれます。中年の発達課題である「世話をすること」とは、「若者」の心境のままの人には大変な苦痛と絶望に感じられることが、「大人」の心境にシフトチェンジすることで、新しい喜びや生き甲斐に変換されることとも言い換えられます

この心境のシフトチェンジを終えて、「大人」の側に辿り着いた人にとって、中年になってからの日々は悪いものではありません。むしろ、人生のなかで経験と体力のバランスが最も取れた時期を、実り多いものとして体験できます。しかし、中年でありながら「若者」の側に留まるなら、自分自身の成長がだんだん停滞していく、喪失に満ちた時期として体験せざるを得ないでしょう。

このあたりは、「若者」であるうちは非常にわかりにくい感覚ではないかと推察します。伸び盛りで、自分が何者ともつかず、立場や責任に時間をとられるわけでもなく、守るべきものも思い浮かばない境遇では、本当なのかと疑ってかかってもおかしくないところです。

ゆえに**「世話をすること」に目覚めるにあたっては、どうしても飛び越えなければならない一種の飛躍がある**ように思います。私の場合はその飛躍を飛び越える助けとして、精神科医として経験したことや、心理発達について学んだことがいくらか役に立ちました。少なくとも知識としては、いつかは「若者」の心境が終わって、自分も「大人」に変わっていくこと、その変化にはタイムリミットが伴い、「世話をすること」に目覚めるか目覚めないかで、「大人」を迎えてからの人生体験のニュアンスが違ってくることを知っていましたから。

ですが、それ以上に、結婚をしたこと、子どもをもうけたことによって促された部分も大きいように思います。この人のために生きよう、生きなければならないと思う出会いや縁がなければ、私は「世話をすること」に目覚めきれなかったかもしれません。さらに幸運なことに、私の周りには、すでに子育てをはじめている先輩や友人が存在していて、彼らのやりかたを真似できたのも良かったように思います。

第2章で触れたように、現代の世の中は「大人」へのシフトチェンジの助けになるような出会いや縁を掴むのには向いていません。むしろ「若者」にいつまでもしがみつきたくなりやすい構造になっています。そのくせ、「若者」から「大人」への跳躍は、自分ひとりだけでは成し遂げられないものです。もしあなたが「誰かのために生きたい」とか「生きなければならない」と思う出会いがあったとしたら、その幸運は大切にしてください。人はひとりでは「世話をすること」に目覚めにくく、それゆえに、中年になってからの「大人」ならではの新しい喜びの境地もひとりでは気付きにくいようですから。

「世話をすること」が始まったあとの世界の見え方

この「世話をすること」に目覚めてから世界の見え方、とりわけ年下を見る目が大きく変わりました。

自分より年下で、経験も少ない人は、そのぶん知らないこともありますし、失敗もします。そういった経験不足な人の不明や失敗に対して、以前ほどきつくならなくなりました。文句を言いたくなる気持ちよりも、「**彼はいま、過去に自分が通った道を通っている最中なんだ**」という意識が先立って、手伝えるところは手伝わなければという気持ちになります。なるほど、こういう感覚が強くなりすぎると「お節介な世話焼きおじさんおばさん」になってしまうのだなと自戒を込めたくなることもあります。

よその家の子どもを見る目も変わりました。電車やバスのなかで泣く赤ちゃんの声も、公園で走り回る子どもの姿も、かつては単なる街のノイズでしたが、いまはそうではありません。親しみを感じたり、生命力を感じたりして嬉しい気持ちになります。子どもが騒ぐ声が聴こえる街は、聴こえない街よりもずっと良いものです。年下が育っていく息吹がいつも周りに感じられるのですから。

また、年下や子どものやっていることを見ていると、**かつての自分の経験を追体験しているような気持ち**になることがあります。

たとえば研修医が難しいパーソナリティの患者さんに振り回されて苦労しているのを見ると、似たような問題に自分が悩んでいたときのことを思い出し、若い頃にしか経験しようのない体験をもう一度再現してくれているように感じることがあります。

子どもと向き合っているときにも同じような追体験があります。夜の廊下をひとりで歩くことが怖かったのは何歳までだったでしょうか。大人はもとより、中学生から見てもくだらなく思えるような遊びに夢中になれたのは何歳までだったでしょうか。そういった、自分自身が子どもだった頃に経験したこと、真剣に向き合っていたことを子どもが再現しているのを見ていると、自分自身の子ども時代や、当時の父親や母親の振る舞いが記憶として蘇ってきます。

人間は、いつまでも経験を積み重ね、成長し続けていきます。**成長し続けるからこそ、成長する前の自分には決して戻れません。**しかし、年下を世話しているときには、立場こそ違いますが、**かつての成長をもう一度体験することができる**のです。

やがて、年下の研修医は立派な臨床医に成長し、夜の廊下をひとりで歩きたがらなかった子どもは夜道のひとり歩きすら平気になっていくでしょう。

「世話をすること」を通して私は、自分が経験した遠い過去を振り返るとともに、年少者がこれから成長していくであろう未来をも展望することができます。そして、自分自身が加齢の果てにリタイアしてしまうとしても、次の世代にバトンが受け継がれていることを確認し、自分のやっていることは無意味ではなく、後世に引き継がれていくということを実感してもいるのです。

「世話をすること」によって、私の過去と未来は繋がっているとも言えます。そのことは、もう人生の折り返し地点を過ぎてしまった40代の私にとって、大きな救いになっているように思われます。

「俺の黒歴史に免じて許す」

インターネットのスラングでいうところの黒歴史――あとで思い出すと恥ずかしくて顔から火が出そうになるような勇み足――に対する見方も大きく変わりました。

インターネット上には、いかにも「若者」としか言いようがない黒歴史を現在進行形でやらかす人が定期的に現れます。まだ実績も何もないのに自分たちを最高のクリエイターだと息巻いたり、半可通な知識を振りかざして年上に喧嘩を売って返り討ちにあったり……あなたもそういう「若者」のアカウントを見たことがあるのではないでしょうか。

かつて、喧嘩と炎上の絶えないネットコミュニティに所属していた私は、そういったアカウントを発見しては、同世代の仲間と一緒に炎上までの一部始終を物見遊山していたものでした。

ところがいまはそういった気持ちよりも、見守り、応援したい気持ちが勝るようになりました。法的にアウトなものや、危険を伴ったものはさすがに応援できませんが、高揚感を振りまきながら黒歴史を一生懸命に作りあげている最中の若者のアカウントは応援したくなりますし、無事を祈りたくもなります。

確かに彼らは痛々しく、いままさに黒歴史を作りあげている最中で、いずれ、恥ずかしさのあまりアカウントを消したくなってしまうでしょう。しかしそれは、とりもなおさず、彼がいまも成長し続けている証でもあります。

たとえば現在のあなたから見れば、中学生時代のあなたの振る舞いのなかには、幼くて恥ずかしいものがたくさんあったでしょう。しかし、**中学生時代を幼くて恥ずかしいと思えるのは、あなた自身が当時よりもずっと経験を積んで、ずっと成長したから**です。もしあなたが永遠の中学生だったら、いつまで経っても中学生時代の自分を恥ずかしいとは思わないはずです。

「人が成長し続けている限り、黒歴史は作られ続ける」とも言えるかもしれません。たとえば私がこれまでに書いてきたブログ記事や書籍のなかには、頭を抱えたくなるような恥ずかしい内容がたくさんあります。この本も、かなり勇み足で書いていますから、10年後の私が読んだらさぞかし悶絶したくなることでしょう。

しかし、自分自身にたくさんの黒歴史があり、いまもそういったものを作り続けているという自覚があれば、他人の黒歴史に対しても寛容になれるのではないでしょうか。

世の中には、他人の黒歴史を馬鹿にすると同時に、自分自身が黒歴史を作ってしまうことにも敏感な人がいます。そのような人は、あとで思い返して恥ずかしくなるような失敗はしないかもしれない反面、**「失敗したくない」「失敗できない」という思いにとらわれるあまり、成長の機会を逃しやすい**ものです。もしあなたが、他人と自分の黒歴史に対して敏感で、鷹揚な態度がとれない人だとしたら、どうか、他人の黒歴史にも、ひいては自分の若さゆえの過ちに対しても、もう少しだけ、寛容になっていただきたいと思います。

自分の過ちに優しくなれれば、他人の過ちにも優しくなれますし、その逆もまた然りです。だから私は「俺の黒歴史に免じて許す」をモットーにして生きていくつもりです。そのほうが、「若者」の成長はもちろん、「大人」になったあとの自分の成長の伸びしろも大きくできそうな気がしますから。

第6章

「若者」の恋愛、「大人」の結婚

「大人」の恋愛、「大人」の結婚は本当にある？

「大人」の恋愛と「若者」の恋愛に違いはあるでしょうか。

厳密に言うならば、「人による」と答えざるを得ません。なぜなら、「大人」と呼ばれて然るべき年齢、それこそ40代や50代になったにも関わらず、醜い色恋沙汰を丸出しにしている人、経験や財力を活かして年下を食い散らかすのに忙しい人がたくさんいるからです。

「自由恋愛」という言葉のとおり、この現代社会において成人の恋愛や結婚のかたちは人それぞれです。法律を破らない限り、何歳の人間がどんな恋愛をしようが、「あの人の恋愛は幼稚だ」「あの結婚は早急だった」といったことを、他人に面と向かって言う筋合いはありません。しかし、他人が何も言わないからといってノープロブレムかといったら、そういうわけでもありません。無軌道な恋愛や無鉄砲な結婚は、しばしば社会適応を困難にしてしまいますし、年齢や立場によって恋愛や結婚に対して求めるもの／求められるものは少しずつ変わっていきます。**建前としては「自由恋愛」でも、個人それぞれが穏当に選べる**

選択肢はそれほど多くありません。

恋愛には年齢を重ねなければわからない側面や、経験によって理解を深めて気付いていく側面もたくさんあります。

10代の恋愛はほとんどの場合、未熟なものです。顔かたちの良し悪しが恋愛の（というより発情の）条件としてあまりにも大きく、異性を見る目も育っていません。「彼氏／彼女が欲しい」「セックスしたい」といった欲求はしばしばコントロール不能で、どうしても自己中心的な恋愛になってしまいがちです。また、第3章で触れましたが、「若者」の恋愛には、「これって私」「俺ってこういう人間だ」といったアイデンティティを獲得する手段として、パートナーを求める側面がついてまわりがちです。つまり、「彼氏／彼女のいる自分」「恋愛している自分」という良さげなアイデンティティのための恋愛（＝その人が好きというより、恋愛している自分が好き）という一面が否定できないということです。相手に尽くしている体裁の場合も、「自分が立派な彼氏／彼女であることを誇りにしたい」といった不純な動機が根底にあることが多く、そのような恋愛はどこかに無理が生じてなかなか長続きしません。

やがて、試行錯誤を繰り返し、経験を積み重ねた男女は、自分の魅力を伸ばしたり、短所をカバーしたりするすべを身に付けていきます。異性を見る目ができあがってくると、女性を肉体的な若々しさだけで評価したり、男性を経済力だけで見定めたりするような単純さからは遠くなり、いろいろな異性の、いろいろな魅力にも気が付くようにもなります。

アイデンティティの確立がだいたい終わった男女の恋愛の場合、自分のアイデンティティのためにパートナーを求める必要性が減ります。他人に自分を立派に見せたいがために、見栄を張るのに適したパートナーを選ばなければならない動機もなくなると、パートナー選びの選択肢はグッと広くなります。

これらもまた、「若者」から「大人」に変わっていく経験蓄積のなかで起こる一種の成長ですが、その程度は人それぞれです。残念ながら、還暦を迎えるぐらいの年齢になってもなお、欲求をコントロールできない人、異性を見る目が育っていない人はごまんといます。ですから、この第6章で私が語る「大人」の恋愛や結婚の話は、目指せるものなら目指してほしい目標や可能性のひとつとして読んでください。

歳を取ることで恋愛や結婚の選択肢は狭まってしまうと考える必要はありません。そうではなく、歳を取っていくなかで恋愛や結婚のかたちがより洗練されて、年甲斐のあるパートナーシップを実現していく可能性が広がっていく、と考えていただきたいと願っています。

金しか見ていない女性、胸しか見ていない男性はなんにも見ていない

非婚化や晩婚化のあおりを受けてか、メディアで「婚活」の話題を目にする機会が触れました。そうした婚活の話題で一番目に付くのは、お金の話です。

結婚後の家計が左右される以上、パートナー選びに際して年収に目を付けるのは自然なことです。とりわけ、男性のパートナーに主に働いてもらって、自分は専業主婦かパートタイム労働でやっていくつもりの女性からすれば、稼ぎの大きなパートナーを求めたくなるのは当然でしょう。明治安田生活福祉研究所が発表している『20～40代の恋愛と結婚（第9回結婚・出産に関する調査より）』によれば、「結婚相手として重視したい条件」に「相手の年収・経済力」を挙げる割合は男女で大きく差があります（図表4）。

しかし、パートナーの年収を気にすることと、パートナーの年収ばかり気にすることはイコールではありませんし、それがすべての人に必要なこととも限りません。

世の中には、自分自身が職場の第一線で働いていて、相当な額を稼いでいるにも関わらず、男性の年収にとらわれてパートナー選びをしている女性が少なからずいます。世間の大半の女性よりも多額のサラリーを稼いで、社会的にも十分に活躍しているなら、結婚相手の年収を気にしなければならない程度は少ないはずです。にも関わらず、そのような女性の多くも、医者、弁護士、一流企業の正社員……と、男性の年収や地位にこだわります。

同研究所の『25〜34歳の結婚と男女交際（男女交際・結婚に関する意識調査より）』は、25〜34歳の未婚女性に対して結婚相手に希望する最低年収額をたずねたところ、本人の年収が高いほど相手に求める年収額も高くなるというデータを示しています（図表5）。

年収の低い女性が少しでも年収の高い男性をパートナーとして選びたいと考えることの必然性はあります。しかし、一家の稼ぎ頭になってもおかしくないような女性、一流大学を卒業して一流企業に勤めているような女性までもが、結婚相手の年収や地位を求めることにどの程度の必然性があるでしょうか。

年収の高い男性のなかには、派手な暮らしぶりを好む人、年収や地位を誇示したがる人、女性遍歴のたえない人がいます。そういった身振りのおかげで、彼らの高収入・高ステータスぶりは傍目にもわかりやすいものの、そのための経済的・社会的コストは小さくありませ

図表4　結婚相手として重視したい条件(20〜30代未婚の男女)

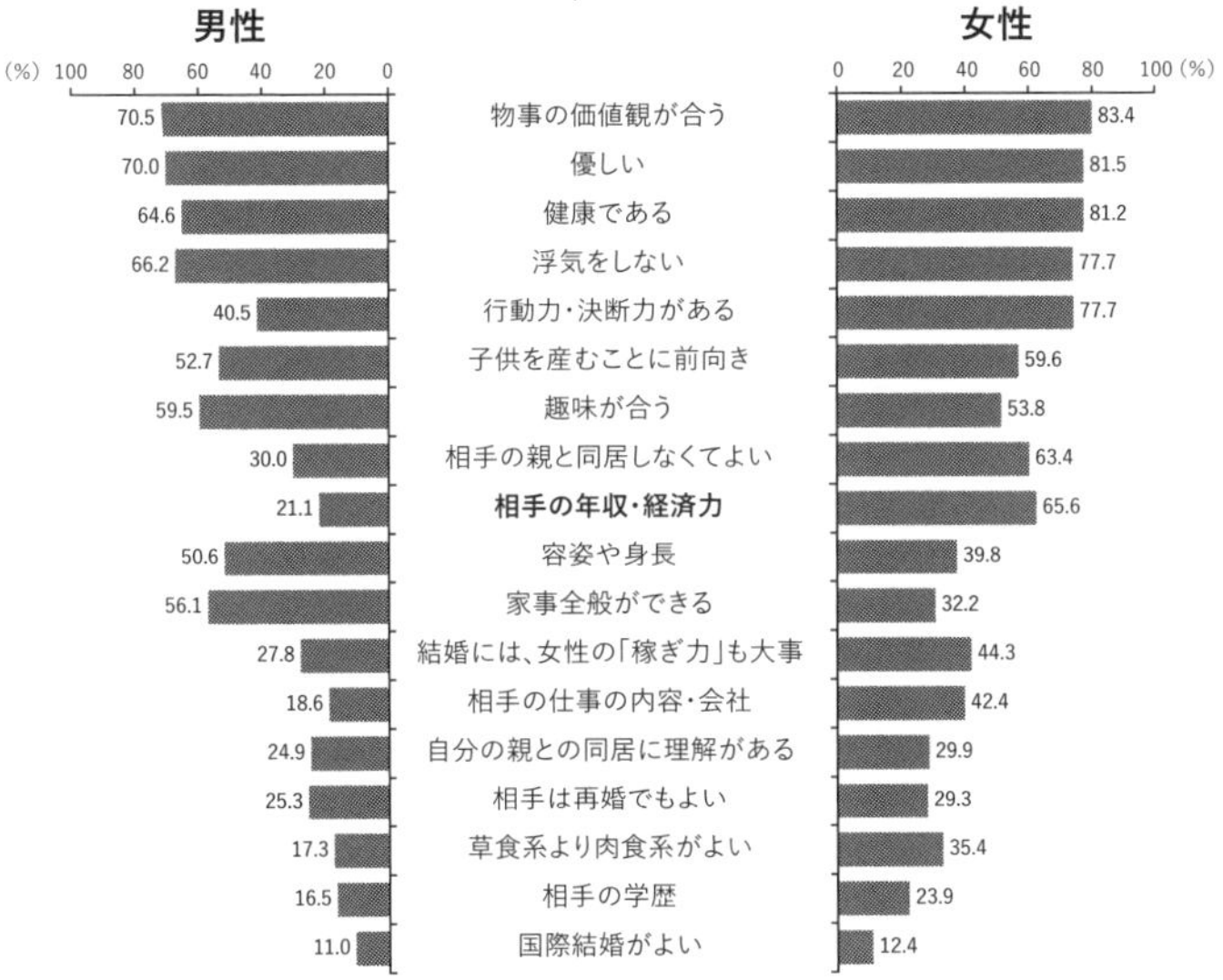

明治安田生活福祉研究所『20〜40代の恋愛と結婚
(第9回結婚・出産に関する調査より)』(2016年度)より

図表5　結婚相手に希望する最低年収額(25〜34歳の未婚女性)

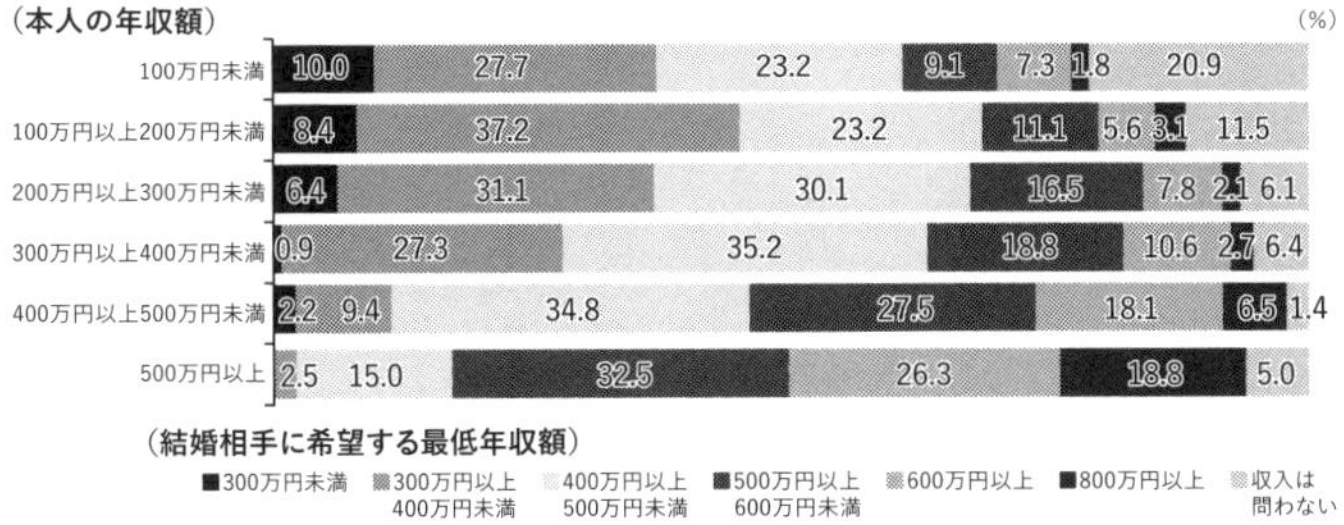

明治安田生活福祉研究所『25〜34歳の結婚と男女交際
(男女交際・結婚に関する意識調査より)』(2017年度)より

ん。いくら年収が高くても、浪費癖のある男性、浮気性のある男性、鼻高々で他人を見下すこともある男性などは、結婚相手としては最悪です。

にも関わらず、**派手な暮らしぶりに引き寄せられ、ぬか喜びと失望を繰り返す女性があとを絶ちません。**若干年収が低いけれども慎ましい生活をしている男性のほうが結婚相手としてはよほど有望でしょうに、目に留まりやすいところしかみていない女性には、それがわからないのです。

似たようなことが男性側にも言えます。

古今の統計がこぞって示すところによれば、男性は若い女性に魅力を感じる傾向にあります。若い女性のほうがそうでない女性より妊娠適齢期が長いことを思えば、男性が若い女性を好む背景には、本能的・遺伝的な要因もあるのでしょう。

しかし、若い女性の肌の張りやプロポーションを追いかけたところで、どんな相手でもやがて歳を取っていきます。遅かれ早かれパートナーが若くない＝魅力がないと思えてしまうのがオチでしょう。そのことを考慮せず、**若さだけを基準にパートナーを選びたがるのは、あまりに短絡的といわざるを得ません。**

そのうえ、人格形成の真っ最中でアイデンティティも確立していないような若い女性はまだまだ移り気なうえ、社会経験や人生経験が足りていないぶん、一家を支えあうパートナーとしても力不足です。

男性の年収しか見ていない女性も、女性の顔や胸しか見ていない男性も、何も見ていないし、何もわかろうとしていません。**一番目立つところ、一番見つめたいところだけを見て、目立たないけれども優れたところや、目配りしておかなければあとで困るところを見ようとしていない**のです。

男性の年収や、女性のルックスやプロポーションというのは、ある意味、中学生でも理解できる評価尺度です。それを評価すること自体は、おかしなことではありません。しかし、20代後半とか30代前半とかいった年齢になってもなお、中学生でも理解できる評価尺度だけでしか異性を評価できないのは、異性を見る目が育っていない……もっと言えば、人を見る目が育っていないということにほかなりません。

「大人」の恋愛や結婚の成否を左右する要因はさまざまですが、「人を見る目がどこまで育っているか」が非常に重要だと私は考えています。年収や若々しいルックスばかり見つめるのはやめて、もっと見るべきところに目を向けましょう。

目を向けるべきは「ソーシャル・スキル」

では、異性のどんなところに目を向けて評価していけば良いかというと……率直に言えば「全部」です。

言葉の選び方、衣食住に対する感覚、生活習慣、人間関係、職場での評価、知識教養、どんなスポーツや趣味にどんな姿勢で取り組んでいるのか、人生哲学、などなど、すべてが含まれます。

私はあえて、ここに「性格」という言葉を入れませんでした。というのも、**その人の内面に宿る「性格」とは、言動や表情に現れるもの**だからです。言葉や表情は、一番外側に現れてきたその人の「性格」です。逆に言うと、内面ではどんなに良い人だったとしても、言葉遣いがしばしば荒々しくなったり、表情が優れなかったりすれば、他人には「性格の悪い人」にしか見えません。相手に求める条件としてしばしば挙げられる「性格の良いパートナー」とは、実質的には「自分にとって付き合いやすく、ストレスのたまりにくいパートナー」と言い換えられます。

たとえば生活習慣がしっかりしている人、衣食住のメンテナンスができている人は、そうでない人より付き合いやすいでしょう。不規則で偏った食事を続けたり散らかりっぱなしの環境に住んだりしていると日中の活動の質が落ちてしまいますし、病気のリスク要因としても軽視できません。付き合いやすいパートナーについて考える際に、そうした部分に着眼しないのは片手落ちです。

表情や言葉遣いはもっと重要です。

どんなに顔立ちや体型が優れていても、表情が乏しい人は付き合いやすくありません。そのような人をパートナーにすると、表情をとおして相手の気持ちを知るのが難しく、意思疎通にたびたび苦労するでしょう。対照的に、わかりやすい表情を適切につくれる人なら意志疎通しやすいぶん、誤解やすれ違いも起こりにくく、パートナーとして長く付き合うには適しています。

言葉に関しても、無思慮な言葉遣いの人と、配慮の行き届いた言葉遣いを心がけている人では付き合いやすさは大きく異なります。刺々しい言葉を次々に口にし、他人の悪口ばかり言う人などは、一緒にいて疲れるだけでなく、その人以外の人間関係にまで悪影響を及ぼしかねません。

これらは「性格」という内面的なものというより、**コミュニケーションに際して現れてくる「ソーシャル・スキル」とでも呼ぶべきもの**です。ソーシャル・スキルは先天的に身に付いているものではなく、社会経験を重ねるなかで磨かれていくものですから、年下よりも年上のほうが洗練されていることがしばしばです。そのうえ、若い頃より容貌が衰えたとしてもソーシャル・スキルは衰えません。

趣味への取り組み方も、異性について多くのことを教えてくれます。最近は「オタクの婚活」が話題になったりもしますが、自分に近い趣味を持っているかどうかだけを気にするのでは不十分です。

多趣味な人にもいろいろな人がいて、単に飽き性な人もいれば、上達のコツを素早く掴むことによってたくさんの趣味をこなしてしまう人もいます。ひとつの趣味に打ち込んでいる人も、ひとつの趣味を深く追求しながらソーシャル・スキルもしっかり身に付けて生活している人もいれば、お金にも生活にもだらしないまま趣味に溺れている人もいます。趣味への取り組み方ひとつを見ても、その人について相当のことが類推できます。

そのほか、仕事や人間関係も含めて、あらゆるものに目を向けて、それらが何をほのめかしていて、どんなことを想定させるのか読み取りましょう。ひとつひとつの要素を切り取って読むのでなく、いくつもの要素を並べて、まとめて、その人がどんな人なのかを考えましょう。スポーツでも、オンラインゲームでも、ＳＮＳやInstagramでも、なんでもそうですが、その人の性質を反映していないものなど存在しません。分別の有無、虚栄心の強弱、社会経験の多寡、そういったものはあらゆる活動に現れ出てきますから、それらを総合して読み取るのです。

早く気付いた人から素晴らしい「戦友」を得る

若い頃の恋愛には、なんだかんだ言っても、若さをベースとした見た目の良さを求める欲求や、セックスの相手として理想的な見てくれの異性を求める欲求が強く働きます。アイデンティティの足しとしての異性を求める度合いも高いことでしょう。どちらにせよ、10代のうちから異性のソーシャル・スキルや分別をよく見抜いて、そこに惚れ込めるような男女はほとんどいません（もしいたとしたら、すさまじい早熟と言わざるを得ないでしょう）。

対して、「大人」になってくるにつれて、異性に求めたくなるポイントとして、性別にはあまり関係のないところ、つまり本章で紹介してきたような多角的な魅力や、ソーシャル・スキルに関連した魅力が浮上してきます。パートナー選びの重点も、美しいセックスの相手や自分のアイデンティティを補強してくれるアクセサリとしての適性から、**共に生きていくための相棒、お互いに背中を預けられる戦友**としての適性へと変わっていくことになります。とりわけ「大人」同士が結婚する際には、長い生活を共にしやすい適性や、安心して家庭や子どもを任せられるような適性が慎重に見定められ、ソーシャル・スキルが高く分別のしっかりした人同士は、そそくさと結婚していきます。

このことの意味を、よく考えてみてください。

ということは、**早く「大人」になることができれば、自分の背中を預けるにふさわしい異性をパートナーとしていち早く意識できるぶん、巡り合える可能性も高くなる**ことでしょう。逆に「大人」になるのが遅れた人は、そのような信頼できる異性をパートナーとして意識するのが遅れて、そのぶん、巡り合えるチャンスも少なくなることになります。

たとえば、20代前半の段階において、ソーシャル・スキルが高く分別もしっかりした異性に魅力を感じ、そこに惚れ込める人はそれほど多くありません。同世代の多くはルックスや年収などに気をとられています。この年代のうちにパートナー選びの重点が変わった人は、まだ競争率が高くないうちに背中を預けられる戦友を見つけられるでしょう。

ところがアラサーぐらいになると、同世代のかなりの割合で異性を見る目が変わってきます。思慮深い異性、分別の働く異性などに魅力を感じる人が増えてくるので競争率は高くなります。次々に結婚を決めていく年代でもあるため、倍率はたちまち高まります。この歳になってもなお、20代の頃と同じ評価尺度でしか異性に惚れられない人は、この密かに進行する変化に気付かないまま、置いてけぼりを食うことになります。

30代の半ばにもなると、事態は決定的になります。生涯の伴侶にふさわしい思慮深さや分別を持った男女の大半は、すでに結婚しています。若々しいプロポーションや年収しか見ていなかった人に残されているのは、そのような「大人」然とした魅力をあまり持っていない同世代の異性です。もちろん年下の異性のなかから思慮深い異性、分別の働く異性を探す余地もあるかもしれませんが、30代になるまでそのことに気付かなかった人は、思慮分別を身に付けた年下から見て魅力的な年上には見えないことでしょう。

年齢が上がるにつれ、パートナーに期待されるものが変化していくことに早く気付けるか否かによって、信頼して背中を預けられるようなパートナーに巡り合える確率が変わってくるわけです。

短く燃え上がる恋ならいざ知らず、長く愛しあえるパートナー、ずっと人生を共にするパートナーには、顔立ちや体形や束の間の若々しさなどたいした意味はありません。そうではなく、表情や言動からうかがい知れる思慮や配慮、意思疎通に必要なソーシャル・スキルといったものを持った異性こそが、自分の背中を預けるにふさわしい戦友たり得ます。信頼しあえるパートナーシップを作っていきたい人は、できるだけ早い段階で、それにふさわしい魅力に目を向けたほうが良いでしょう。

それと同時に、自分自身がこれから身に付けていく魅力の方向性や、自分自身が歳を取りながらどういった社会経験を積み重ねていくのかについても考えておく必要があります。「若者」の魅力を長持ちさせようとあがくだけでは、「大人」としての魅力は身に付かず、良きパートナーにはなり得ません。異性が安心して背中を預けられる、そのような未来の自分を模索していく必要があります。

「結婚＝恋愛」は本当に幸福な価値観なのか

そもそも、**恋愛に向いている適性と結婚に向いている適性はだいぶ違っています。**若くて見た目が好ましく、いまをときめくためにリソースを惜しまない性格で、ついでにドラマチックな雰囲気やミステリアスな雰囲気を伴っている異性なら、その恋愛は非常に刺激的なものになるでしょう。

しかし、結婚生活にはドラマチックな雰囲気やミステリアスな雰囲気は要りません。いまをときめくためにリソースを惜しまない人と結婚したら、あとが大変です。結婚生活に不可欠なのは、協同して生きていける適性、安心して自分の背中を預けられる適性です。

だから、恋愛が楽しくてたまらないからといって、恋愛に最適化し続けていると、いつの間にか結婚相手として最適とは言えない、むしろ良くない部類に入る人間になってしまうことがあり得ます。

にも関わらず、世の中にはこのあたりの区別ができていない人がたくさんいます。恋愛に必要な適性と結婚に必要な適性を勘違いしたまま、「結婚できない」「いい人に出会えない」とぼやいているとしたら、不幸なことではないでしょうか。

日本では1960年代あたりから、ロマンチックな恋愛を経て結婚するのが望ましいとする考え方が流行しました。トレンディドラマが盛んに放送された80年代〜90年代までには恋愛結婚が当たり前のものとみなされるようになり、それまで大きなウエイトを占めていた見合い結婚は廃《すた》れていきました。

こうした変化のなかで、恋愛は結婚するために必ず通過しなければならないハードルのようなものとして認識されるようになりました。そして、テレビドラマなどを通して描かれる理想の異性像や、理想の男女交際像も、恋愛をベースにしたものがほとんどで、結婚適性の高い異性像は捨て置かれ続けたのでした。

ロマンチックな恋愛の歴史を紐解いていくと、近世フランスの上流階級が高級娼婦という「恋愛の専門家」を相手どって行っていた一種の「レジャー」であったところに行き当たります。**近世フランスの上流階級は「結婚は結婚」「恋愛は恋愛」とわけて捉えていたのです。**ところが、恋愛が大衆化するなかで結婚と強く結びつけられるようになり、いつしか、結婚するためにはまず恋愛をしなければならなくなってしまいました。

さきにも述べたように、恋愛に向いている適性と結婚に向いている適性にはかなりのズレがあり、なかには、結婚に向いている適性は高いのに、恋愛には不向きであるせいで、結婚できない／しない人が少なくないように見受けられます。若いうちはともかく、結婚を考えるぐらいの年齢になってからは、そのような人を見過ごすのは利口ではありません。しかし、恋愛＝結婚という固定観念ができあがっている人は、つい、恋愛適性にもとづいて異性を見てしまうので、結婚適性の高い異性にはなんら魅力を感じず、何歳になっても恋愛に適した異性を追いかけ、結婚相手がいないとぼやくのでしょう。

あなたがもし、恋愛＝結婚という考え方にとらわれているなら、是非、疑いの目を向けてみてください。太古の昔から、人類が恋愛と結婚をイコールで結んでいたわけではありません。かつての見合い結婚で結ばれた夫婦がみんな不幸になったわけでもありません。恋愛と結婚を完全に切り離す必要はありませんが、過度に結びつける必要もないのです。両者の間に違いがあることを見過ごしていると、自分を成長させる方向性も、パートナーに期待するものの方向性も見当違いになりかねません。

「結婚は人生の墓場」は愚か者の結婚観

若い人はしばしば、「結婚は束縛されることが多い」「結婚には責任が伴う」などといって結婚を敬遠します。確かにそういう面もあって、結婚によって「若者」のアドバンテージである変わり身の早さが犠牲になるのは否めません。

なかには、「結婚は人生の墓場だ」などと言い切ってしまう人もいます。

しかし、本当にそうなのでしょうか?

世の中には惨めな結婚生活を送っている人もいます。義務感や世間体だけで夫婦をやっている人たち、いつもいがみ合って、足の引っ張り合いをしながら夫婦をやっている人たちを見ていると、「なるほど、これは人生の墓場と言うのにふさわしいな」と私も思います。

一方で、**夫婦や家庭に義務感だけでなく生き甲斐も感じている人、夫婦で力を出し合うことに喜びを感じている人もいます。**うまくいっている夫婦は多かれ少なかれ、『CLANNAD』で描かれた「大人」に通じるような、愛する者のために生きる価値観を持っているものです。「若者」のように自分自身の欲求充足や成長にばかりとらわれるのでなく、パートナーや子どもの欲求充足や成長にも喜びを感じられる「大人」にとっては、結婚は義務や世間体であると同時に、パートナーの幸福や子どもの成長を介して喜びを実現させるためのチャンスでもあります。

義務感と表裏一体な生き甲斐を結婚生活からいつも感じ取っている人、夫婦で力を出し合い、助け合って夫婦をやっている人たちを見ていると、人生の墓場というより、人生のひのき舞台、あるいは人生の加速装置のようなものだと思わずにいられません。

少し前のページで私は、「大人」になってからのパートナーを「背中を預けられる戦友」と表現しました。実際、結婚生活は、卓球のダブルスや2on2の対戦ゲームに似ています。お互いに弱点をカバーし合い、助け合っていければ最高で、お互いに足を引っ張り合って不協和音が続いていれば最低です。1＋1が3以上になることもあれば、1＋1が1以下になってしまうこともあります。パートナー同士が助け合い、相手の幸福や全体の幸福を優先させていればうまくいきますが、パートナー同士が自分の都合や手柄のことしか考えていなければ決してうまくいきません。

このことを踏まえるなら**「結婚を人生の墓場にしてしまうか、人生のひのき舞台に**

できるのかは、夫婦次第」ということになります。

結婚を人生のひのき舞台にするために必要なものはなんでしょうか。結婚はふたりでするものですから、自分だけが相手の幸福や全体の幸福を考えてもうまくいきません。さしあたり、お互いに弱点をカバーし合い、助け合っていく意志と能力が身に付いた者同士なら、1+1を3以上にできる可能性は高いでしょう。反対に、自分の都合や手柄のことで頭がいっぱいで、ソーシャル・スキルなどが欠如した男女が夫婦になった場合は、きっと1+1が1以下になってしまい、「結婚は人生の墓場」派となって、最終的には「妻は生涯の敵」などとぼやくようになってしまうでしょう。

してみれば、「妻は生涯の敵」などといって自分の配偶者を悪く言うのは、自分が未熟か、人を見る目がないか、その両方かをわざわざ他人に知らせてまわっているようなものです。そのような不幸を避けるためにはあなたには何が必要でしょうか。異性のどんなポイントに目を向けたり、惚れ込んだりするのが良いのでしょうか。いま一度お考えになってみてください。

だからといって、若い頃の恋愛も無駄にはならない

ここまで考えてしまうと、「じゃあ、若い頃の恋愛ってなんなんだ」「やるだけ無駄で、意味のないものなんじゃないか」と思う人もいるかもしれませんが、そんなことはありません。

まず、若い頃の恋愛を若い気持ちでやれるのは若いうちだけです。まだ社会経験の浅い者同士が若い気持ちで恋愛できる期間は短く、社会経験を積んでしまった者同士には、そのような恋愛は絶対に経験できないのです。もし、そのような機会を持てるなら、それはそれでかけがえのない思い出になります。

それに、若い頃の恋愛には失敗や失恋がつきものですが、そういったものも生きていくうえでの糧になります。

どうしてその恋はうまくいかなかったのか。自分は何をすべきで、何を身に付けておくべきだったのか。どんな相手だったらうまくいっていたかもしれないのか――過去の二の舞とならないように行動できる人にとって、**若い頃の恋愛経験は、未来への貴重な財産**で

す。たとえ異性と付き合うには至らなかったとしても、その失恋には意味があります。そこから適切な教訓を学び取れる人は、次の恋愛はうまくいくか、もう少しマシな失恋の仕方に変わるでしょう。それに、若い頃の失恋を若い気持ちでやれるのも若いうちだけですから、これもこれでかけがえのないものです。

また、異性とのコミュニケーションには、同性とのコミュニケーションとは違った気の遣い方、注意の払い方がついてまわります。このあたりは、職場の同僚やサークルの仲間として付き合う異性がいればある程度は理解できる反面、交際相手として付き合ってみなければ気付きにくいところもあります。異性とのコミュニケーションの難しさを身をもって知ることも貴重な経験です。

責任という観点でも、若い頃の恋愛には特有のメリットがあります。若い頃の恋愛は、途中で別れたとしてもそれが取り返しのつかない人生の分岐点になってしまうことはありません。20代後半~30代の恋愛の場合はそうはいかず、結婚を意識した重たい感覚を伴うことがしばしばですが、若いうちは、そうした重たさを気にする必要はありません。学内の恋愛、サークル内の恋愛、社内の恋愛ですら、クラスの移動、卒業や異動で人間関係がシャッフルされる余地があるうちはなんとかなります。

世の中には、思春期に恋愛ができなかったことを根に持っている人、寂しく思っている人もたくさんいます。大人になってから素晴らしいパートナーと結婚した人のなかにさえ、「学生服を着ていた頃に異性と付き合ってみたかった」とぼやく人もいるぐらいですから、若い頃の恋愛は、経験やノウハウ習得といった意味を抜きにしても、機会があるのなら経験しておくのは悪くないように思います。

なかには「片思いは辛い」「振られるリスクを冒したくない」と及び腰になる人もいるかもしれません。しかし、そもそもそういった経験ですら、おじさんおばさんになってしまうと質感が変わって若い頃のようには経験できなくなってしまうことを忘れないでください。恋愛そのものには年齢制限がありませんが、**若者時代の、若者ならではの恋愛にははっきりとした制限時間があります。**あなたがいまの年齢で経験できる恋愛は、いましか経験できないものです。

第7章

趣味とともに生きていくということ

「終わらない青春」なんてなかった

趣味に対するスタンスや評価尺度も、歳を取れば変わっていくものです。

第1章で私は、ひとりのゲームオタクとして年齢にあわせた趣味生活にシフトチェンジした話を書きました。このようなシフトチェンジは珍しいものではなく、どのような趣味の愛好家でも、多かれ少なかれ必要になるでしょう。体力や動体視力の衰えや社会的立場の変化は、趣味に対するスタンスにも大きな影響を及ぼします。

歳を取ることによって感性が変わって、嗜好が変わったり、ときには趣味を卒業させてしまったりすることもあります。たとえばいま、あなたがティーン向けのアニメや小説にどっぷりハマっているとして、20年後にも同じようにハマっていられる保証はどこにもありません。歳を取ってから新しい趣味に鞍替えしたくなる可能性や、活動がだんだん先細り、気が付いたら無趣味な人になっている可能性すら低くないでしょう。

また、趣味は社会のなかでの受け入れられ方が変わっていくことがあり、これまた、趣味生活に影響を及ぼします。とりわけ、サブカルチャーの範疇《はんちゅう》に含まれるような若者向けのジャンルでは、そのジャンルがどんな風に世の中に受け入れられて、どんな風に楽しまれていくのかがどんどん変わっていきますし、それを楽しんでいる人たちの立ち位置も変わっていきます。

一例を挙げると、かつて小説はサブカルチャーと言って差し支えのないジャンルでした。「小説なんか読んでいたら頭が悪くなる」などと新聞で批判されていたはずが、現在では学校の推薦図書として紹介されていたりします。直木賞や芥川賞が権威になり、村上春樹がノーベル文学賞を受賞するかどうかが毎年話題になっているのを見ればわかるように、いまではすっかり大人向けのジャンル、ほとんどメインカルチャーの一部です。

小説ほどではないにせよ、漫画、アニメ、ゲームなども、かつては「子どもの娯楽」「オタクの娯楽」という位置づけだったものが、「大人も楽しむ娯楽」「オタクじゃなくても楽しむ娯楽」へと変わっていきました。

若者だけの遊び場やコミュニティが、気が付けばおじさんやおばさんの溜まり場になっていた……なんてこともよく起こります。インターネットで言えば、5ちゃんねる（旧2ちゃんねる）やニコニコ動画などはその典型ですし、FacebookやInstagramのように、若者だけの遊び場だったものが遅れてやってきたほかの世代に占拠されていくこともあります。

そうこうするうちに、一緒に楽しんできた仲間も、ひとりまたひとりとやめていったり、かつての情熱を失っていったりします。

ユーザーの大半が若者のアーリー・アダプターで占められていた2000年代のインターネットでは、「オタクになる奴は自然にオタクになる。なろうと思ってなるものではない」「オタクになる奴はオタクをやめられない」などといった意見が書き込まれ、多くの人に支持されていました。

それから月日が流れ、そろそろ中年になった彼らは違うことを言うようになりました——「あれは若さゆえに言えたことで、40代になっても活動的なオタクライフを続けている人には、続けられるだけの意志や能力、特別な事情などがある」、と。

歳月が流れて中年を迎えると、かなりの割合の人がオタクライフから脱落するという事実に、みんなが気付きはじめたのです。

活動的なオタクライフを続けられなくなった人々は、趣味活動から身を引いていくか、昔のコンテンツを懐古するばかりになりました。なかには、無理矢理にでもオタクライフを続けようとした結果、趣味に時間や金銭といったリソースを食われて生活がだんだん苦しくなったり、身体を壊してしまったりする人もちらほら見かけるようにもなりました。

このように、趣味を楽しむという一事についても、時間の流れは人を変えていきます。若者向けのコンテンツをいつまでも若者の気持ちのままに楽しめる人はそれほどいません。

逆に考えるなら、**空気を吸うようにコンテンツを楽しめる時間は、一度きりの貴重なもの**だとも言えます。もし、現在のあなたが無心にいまという時間を楽しめているなら、その一度きりかもしれない瞬間を心から楽しんでください。あなたが歳を取ったあと、そのように無心な趣味生活が続けられる保証はどこにもありません。どうあれ、その一度きりの時間の思い出は、将来の自分への贈り物になるでしょう。

立派に大人をやっているサブカルチャーの先輩方はいる

おじさんおばさんになったあとも若者向けの趣味を続けるのは大変です。大変だからこそ、そうした趣味生活を続けている人はなんらかの工夫やアレンジメントを行っているはずで、その実態は若者のそれとは違っています。なかには、普段は「大人」としての日常に追われて実質的に無趣味な生活を送っている人でも、どうしても気になるコンテンツやイベントが発生したときだけ、お盆にあの世から帰ってくる魂のように復帰する人もいます。

こうした実態にも関わらず、世の中には、「サブカルチャーを愛好している＝若者を引きずっている、大人気ないこと甚《はなは》だしい」といったことを言う人がいまだにいます。

しかしこれは心当たりもある話で、確かにかつては、大人気ない言動を繰り返すサブカルチャーの先輩をかなりの頻度で見かけたように思います。

とあるジャンルに興味を持ちはじめた若い新人が入ってくるや、「お前は〇〇も知らないのか」といった調子で責め立てて、自分の知識を自慢し、威張り散らすような年上の愛好家を、私はオンラインでもオフラインでも見かけました。

また、ＳＦ小説のジャンルでは「ＳＦを１０００冊読んでない奴はＳＦを語るな」という格言（!?）が知られていて、入門者を怯ませるようなところがありました。

ひとつのジャンルをよく理解し、愛好家としてその道を究めるためには、数をこなさなければならないのは事実でしょう。しかし私には、それらが興味を持ちはじめたばかりの人間の発言を封じてジャンルの敷居を高くし、ベテランにとって都合の良い空気を作りあげていく物言いに見えてなりませんでした。私は、そんなジャンルには深入りしまいと固く心に決めたものです。

そうした空気が広く知られていたこともあってか、ＳＦ小説というジャンルはやがて衰退してしまいました。

みんながそういった過去の反面教師を見てきたためか、いまではそういう人をあまり見かけなくなりました。もしいたとしても、それをたしなめたり注意したりする人が出てくることもあります。「やかましい年上がやかましくしていると、そのジャンルが衰退する」ということを中年愛好家の多くは心得ていて、年下の参入を喜び、新陳代謝を受け入れているように見えます。

しかし、世間にはいまだに「昔の○○は良かった。だが、いまは面白いコンテンツがない。若い世代は、面白いものがわかっていない」などと真顔で言う中年もいます。そのようなことをいう中年の大半は現役の愛好家ではなく、歳を取って趣味生活が維持できなくなった元・愛好家だと思われます。なぜなら、そのように言う人のほとんどは**現在のコンテンツについてはほとんど知らないし、ほとんど見ていない**からです。どの趣味ジャンルも進歩していくものですから、それをよく知っている人ほど、そういう単純な物言いはできないはずです。

年下の愛好家に対して威張ることなく、ジャンル内での変化や若者の流入を受け入れている中年愛好家は、この本でいう「大人」の実践に近い趣味生活を実行しているように、私には思われます。新参者が入ってくることを歓迎して、知識や経験の浅い者でも委縮しないような雰囲気を大切にしながら、自分は自分でそのジャンルを愛し続けていくためには、第1章で触れたように「世代や立場が違う人に、その違いを踏まえて対応すること」が必要だからです。自分の世代の視点や都合でしかそのジャンルを見つめられない「若者」にはこういう対応は難しく、まさに「大人」的な視点を持っていなければ年下に対して適切に対応できません。

ここに書いたような「大人」な古参ファンの存在は、長く繁栄し続けているジャンルではそれほど珍しくありません。そうした先達は**愛好家として歳を取っていく際のロールモデル候補として有望**ですし、彼らの知識をうまく引き出せるなら、自分がハマる前にその分野で何が起こっていたのかについて知見が広がるかもしれません。

趣味の世界でも、同世代と繋がるだけでは得られないものがあります。世代の異なる繋がりがあったほうが気付きも多く、趣味の道も究まりやすいでしょう。

オタクやサブカルを続けきれなくなったとき

一方で、長くサブカルチャーの愛好家を続けているうちに、避けられない問題に直面することもあります。

わかりやすいところでは、キャラクターのコスプレを楽しんでいる人は、一体何歳までコスプレを趣味にし続けられるでしょうか。若い女性キャラクターのコスプレを専らにしている女性などは、自分の年齢が若いキャラクターから離れていくことや、自分の社会的立場が変わっていくことと、コスプレ趣味をどうやって折り合いづけていくのか、いずれ考えなければならなくなるでしょう。

そこまで極端な例でなくても、自分が30代、40代と歳を取るにつれて、主人公が10代のアニメやライトノベルを楽しむために必要な読み方が変わってきます。20代のうちはまだ、学生服を着た主人公への感情移入もそれほど難しくありませんが、学生時代から長い年月が経ち、おじさんやおばさんになるにつれて、学生服を着た主人公への感情移入は難しくなります。

歳を取ってもアニメやライトノベルを楽しみ続けるためには、自分自身が留年や再入学を繰り返すなどして身も心も学生気分のままであり続けるか、そもそも感情移入に頼らず、遠い世界の物語として眺める習慣を身に付けておかなければなりません。

また、第1章でも触れたとおり、動体視力や反射神経を極度に必要とするゲームのたぐいも、年齢が変わると身体的についていけなくなり、新発売のゲームにキャッチアップしていくことが難しくなっていきます。スポーツにも言えることですが、加齢による身体の変化にあわせて楽しみ方を軌道修正していかないと、自分がやりたいプレイが思うようにできなくて苛立ったり、心身を故障させてしまったりするおそれが高まります。

では、加齢にあわせてどうやって軌道修正していけば良いのでしょうか。

いちばん簡単な方法は、自分が若かった頃に好きだったコンテンツや、その続編シリーズだけを追いかけていくことです。

私ぐらいの年代では、昔の人気作品とその続編ばかりを楽しみにしている人がかなりいます。たとえば、『キン肉マン』や『ドラゴンボール』の関連作品だけを追いかけている中年、『宇宙戦艦ヤマト2199』のようなリバイバル作品や、『スターウォーズ』シリーズの新作を楽しみにしているような中年です。彼らは、ジャンルの新しいところを開拓していくだけの情熱や甲斐性を失っていますが、昔馴染みの作品はいまでも愛しています。どう見ても中年をターゲットにしているとしか思えない、『機動戦士ガンダム』や『新世紀エヴァンゲリオン』に関連した高価な関連グッズを買う人もいます。

このような保守的で、時計の針が止まってしまったかのような愛好家の姿は、新しいコンテンツにも目を通している若い愛好家からはまったく誉められないものでしょうし、反面教師にしたいと感じる人もいるに違いありません。

ですが、サブカルチャーを心底楽しんできた青春時代が終わって、もっと他のことにも目を向けなければならない年頃になってからの落としどころとしては、いちばん無理がありませんし、そういった道を選んだからといって、人生の選択を誤っているとは私には思えません。むしろ、**自分にとって本当に大切なコンテンツに的を絞ることで、最小の労力で自分の趣味の方面のアイデンティティをメンテナンスし続けられている**とも言えます。これは、第4章で触れたアイデンティティを確立した中年だからこそできる強みです。

それと、同年代のおじさんおばさんが集まって過去のサブカルチャー趣味の思い出話をするのは、たいへん趣深く、いまの流行について話し合うのとはまた違った楽しさがあります。『銀河英雄伝説』の台詞や、『北斗の拳』の名シーンなどを懐古しておじさんおばさんが盛り上がっているさまは、「若者」から見れば年寄りじみていて、みっともないものと映るかもしれません。しかし、普段は趣味生活からは遠ざかっているおじさんおばさんにとっての懐古的な思い出話は、**若者時代に自分たちが愛して選んできたアイデンティティを指差し点検する貴重な機会**です。趣味方面の「これって私」「俺ってこういう人間だ」を仲間と一緒に話し合えば、若者時代に愛して自分自身のアイデンティティの一部ともなった、かけがえのないコンテンツについて思い出が鮮やかに蘇ります。アイデンティティがぐらつきかけた局面では、こういうことが案外救いになったりもするので、中年期以降のアイデンティティのメンテナンスの一手段として覚えておくと良いでしょう。

いざとなったら、やめてしまったっていい

「若者」以後の趣味生活を考えるにあたって最優先に考えなければならないのは、自分がいつまでもその分野の第一線の愛好家であり続けることではありません。**自分が楽しみ続け**

られること、自分の人生を望ましいものにしていくことです。楽しみや喜びがあって、無理のないかたちで趣味生活が続けられるなら、それは続けたほうが良いでしょうし、実際に長続きするでしょう。しかし、続けていくことに負担を覚えるというなら、いっそやめてしまうという手もあります。

どのジャンルの趣味でもそうですが、就職後にお金の余裕が生じた若者は、趣味の手を広げようと思えば、どこまででも手を広げられます。知識や経験が足りなくて見通しがつかなかったことも、30代を迎える頃にはわかるようになってくるでしょう。絵や文章を書き続けている人なら、そろそろ技量に磨きがかかってくる時期です。仕事がある程度できている独身のアラサーなら、まさに〝独身貴族〟と言って良いような趣味生活を楽しめることでしょう。

だからといって、ゆとりにまかせて広く深く攻め続けていると、結婚や子育てなどのライフイベントによって趣味生活を縮小しなければならなくなったときに辛くなってしまいます。趣味を広く深く追求すればするほど、あなたの「これって私」「俺ってこういう人間だ」に占める趣味のウエイトは大きくなり、サブカルチャー方面のあなたのアイデンティティは堅固なものになります。「俺はオタクだ」「私はサブカルだ」といった意識も強まるでしょう。

そのかわり、あなたのアイデンティティに占める趣味の割合が高くなるほど、いざ、趣味生活を縮小せざるを得なくなったときに困ってしまいます。なぜなら、アイデンティティの生命線が趣味一本になってしまった人にとって、趣味の縮小はそのままアイデンティティの縮小、あるいは喪失に繋がりかねず、心理的に耐えられるものではないからです。

現代社会には、攻めに攻めた趣味生活を続けた挙げ句、その趣味によってできあがったアイデンティティを手放せなくなり、人生の大きな決断を避けたまま歳を取ってしまう中年も少なくありません。それはそれで愛好家としては志が高いというか、天晴な道楽人生ですが、リスクの高い道でもあります。

趣味一本に人生もアイデンティティも懸けてきた人が、無病息災に趣味ざんまいの生活を続けられる保証なんてどこにもありません。さきに述べたように、歳を取ってくるにつれてサブカルチャー趣味は若い頃と同じようには楽しめなくなってくる部分が出てきて、変化を強いられる部分も出てきます。なにより、健康問題をはじめとしたいろいろな事情に追い立てられて、趣味生活が持続できなくなり、気が付いたら無趣味の人になっている可能性すらあり得るのです。

多くを懸けてきた趣味の持続が困難になった結果、アイデンティティの大黒柱を失った、空っぽのおじさんおばさんが爆誕することになります。

それでもあなたが趣味一筋で生きていくと決意しているとしたら……「頑張ってください」としか言いようがありません。

若い頃に威勢の良いことを言っていた愛好家が、加齢や諸事情によって趣味人として衰えていくのを私は幾度となく見てきました。趣味にアイデンティティを全賭けした人生が、どれほど危険で長続きしにくいかは知っているつもりです。それでもなお、自分の愛するジャンルの道へ全力前進する人には、どうかいつまでも健在でいてくださいと祈るほかありません。収入源や健康にもしっかり気を遣って、初心を貫徹してください。

しかし、いざとなったら思い出してください。**いま、すごく楽しみにしている趣味が10年後にはあまり楽しくなくなったら、やめてしまったっていい**のです。手を抜いたほうが良いかなと思ったら手を抜くべきですし、そういう手抜きな楽しみ方をしている人のことも、むやみに軽蔑しないでください。趣味人として、少しずつ弱っていく年上の人を反面教師として敬遠するのも良いですが、いざとなったら彼らの保守的な趣味生活をコピー・アンド・ペーストしたって構わないのです。いつか、自分の好きなものとの付き合い方を変えなければならなくなったときに参考になるのは、肩の力の抜けた趣味生活を続けている人たちです。

楽しみだったはずの趣味に人生を束縛されるあまり、後半生が苦しくなってしまっては、本末転倒というほかありません。

クリエイターに回った人たちは本当に大変

ただし、そうも言っていられない例外もあります。

それは、サブカルチャー趣味が高じてクリエイターになってしまった人たち——とりわけ、本業としてサブカルチャーに携わるようになってしまった人です。

一般に、仕事としてサブカルチャーに携わる人は自分の人生のリソースの相当な部分を、その専門分野を究めるために費やしています。当然、アイデンティティに占める割合は高くなり、そこにプライドや生き甲斐を求める割合も高くなります。経済的にも依存しますから、クリエイターとしての生きざまが文字どおりの生命線になります。

にも関わらず、**サブカルチャーのコンテンツのなかには、作者が幸せになったり、**

円満な「大人」になったりしたら面白くなくなってしまう一群が存在します。コンテンツの一群というより、そういう作者の一群と言い直すべきでしょうか。

たとえば、サブカルチャーのカリスマとして名を馳せた人に大槻ケンヂという人がいます。モテない思春期を過ごし、その鬱屈を昇華したようなバンドで人気者となり、一躍、成功した芸能人の人生を歩んだ彼は、たびたび精神的な危機に直面しました。彼が生み出したコンテンツのなかには、鬱屈した思春期はもちろん、成功後に直面した悩みも含めて、幸せとは言いがたいエッセンスが多分に宿っていました。もし、大槻ケンヂという人が最初からモテていたら、あるいはバンドが成功したあとも順風満帆に暮らし、スマートに「大人」になれていたら、彼ならではの魅力は生まれなかったでしょう。

小説家にも、自分の鬱屈やコンプレックスをうまくパッケージした人、瑞々しい精神性を作品に反映させてきた人がたくさんいます。太宰治の作品などは、良くも悪くも「若者」の視点で書かれていて、読者が歳を取るにつれてその青臭さが気になるようになってきます。しかし、青臭くなければ太宰治ではないでしょう。そして彼は「大人」と呼ばれて然るべき年齢になった頃に、自殺してこの世を去りました。

思春期の気持ちの一番ヒリヒリとしたところをすくい取ったコンテンツや、アイデンティティが確立できない苛立ちを表現したコンテンツで人気を得ている人は、そういった「若者」の心境を失ってしまうと、自分らしい仕事ができなくなってしまう可能性があります。へたに「若者」をやめて「大人」を始めてしまえば、仕事もアイデンティティも喪失してしまうかもしれません。

だからといって、「若者」をいつまでも続けて、面白いコンテンツを作り続けられるかといったらそれもわかりません。なぜなら時間が経つにつれて、**もっと若くて、もっと新しい時代にキャッチアップした「若者」が現れてくる**からです。

自分よりも若い年齢の「若者」と同じ土俵で競い合っても、なかなか敵うものではありません。10代〜20代のうちは、時代の気分や流行り廃《すた》りが本能的にコンテンツに宿るものですが、30代も半ばを過ぎてくるとそうもいかなくなってきます。自分自身はだんだん「若者」を続けにくくなっているのに、ファンも自分自身も「若者」っぽいコンテンツにすがり続けていると、歳を取っていく自分自身と、自分が作りだすコンテンツとのギャップがだんだん大きくなって、葛藤が生じる余地が生まれます。

古今、クリエイターの分野には早逝《そうせい》する人が少なくありません。それ以上に、途中でドロップアウトしてしまう人もたくさんいます。大槻ケンヂのように、メンタルヘルスの危機を迎えながらもサバイブして活動を続けている人は、才能にも巡り合わせにも恵まれた例外なのだと思います。

自分がクリエイターになりたいと思っている「若者」から見れば、才能や時機に恵まれてクリエイターになった人々はさぞかし幸福に見えるかもしれません。しかし、長い人生の、特に後半生のサバイブ難易度を考えると彼らのゆく道は険しく、**「幸運」と呼ぶよりは「宿命」と呼んだほうが似合うような、峻厳なもの**であると言えるでしょう。

とりわけ、自分のなかにある「若者」らしい感性を切り売りするようなかたちでコンテンツを作って、それがアイデンティティにもなっているようなクリエイターは、年齢が上がってきて「若者」の土俵では勝負しにくくなってからが勝負なのだと思います。

もしあなたに才能があって、クリエイターの側に回る可能性があるとしたら、このあたりには本当に用心深くあってほしいものですし、早逝せず、長く活躍していただきたいものです。

新しい時代に合う形で誰かが引き継いでくれる

ただし、いつまでも活躍し続けなければならない「宿命」を背負っているのは、プロだけです。どのサブカルチャーも、本来は若者の、若者による、若者のための趣味なのですから、歳を取るにつれて活動が減ったり、流行の最先端を若者に委ねたりしても構いません。また、それが自然でもあるでしょう。

はじめは右も左もわからないルーキーだった自分が、気が付けば中堅となり、いつしか老兵となっていく――衰退していないサブカルチャーのジャンルには、多かれ少なかれそういった新陳代謝が見られるものです。いつまでも老兵ばかりがのさばり、下の世代への継承が見られないジャンルの未来は、明るくありません。

そのことを踏まえて、「**いっそ、自分がそのジャンルの担い手をやめたとしても、誰かが引き継いでくれているならそれでいいじゃないか**」と発想を切り替える余地はないでしょうか。

むろん、後継者たちは自分たちと異なる時代を生きて異なる事情を抱えているので、自分たちが若かった頃とは違った方向性を宿しているのが常です。たとえばゲームの世界ではユーチューバーやゲームの世界大会の実況動画を楽しむといった、昔はほとんど存在しなかった楽しみ方でゲームに接している人が増えました。ソーシャルゲームやり込み勢のゲームとの向き合い方も、過去のファミコン小僧やゲーセン小僧のそれとはかなり違います。

ですが、この本をここまで読んだ方なら、それが世代や立場の違いによって起こる必然だと理解できるでしょう。そういった違いに拘泥して、下の世代を否定しても得るものはありません。十分に「大人」を引き受けている人なら、むしろ異なる時代、異なる事情に適したかたちで同じジャンルと向き合っている年下の存在に、喜ばしさや頼もしさを感じ取れるはずです。「ああ、こいつらはちゃんと新しい時代に最適なかたちでジャンルを引き継いでくれているんだな」と。

年下の人々が入って来て、新しい楽しみ方を広めていくうちに、そのジャンルの空気も自分たちの世代にフィットしたものから、より年下世代にフィットしたものへと少しずつ変わっていきます。そのことに対して、自分の好きなものがいつまでも自分の世代のものだと思い込んでいる中年のなかには、「昔の特撮は本当に素晴らしかったが、いまの特撮はつまらなくなった」「最近のライトノベル読者は、キャラクター小説の面白さをわかっていない」といったことを言う人も出てくるでしょう。

けれども、それは間違った捉え方だと私は思います。確かに、それぞれのジャンルには栄光盛衰があり、たとえば売上面で『週刊少年ジャンプ』の黄金期と同じくらい漫画界が盛り上がるとは考えにくいでしょう。しかし、だからといってジャンプ黄金期を特別視して礼賛して、今日の漫画シーンを否定してかかるのは悪しき懐古趣味ではないでしょうか。

趣味は自分の世代だけのものではない

結局、趣味の世界においても、時間の流れを意識しないわけにはいかないし、自分が歳を取るにつれて、年下の世代からは年上と見られるようになっていく点に留意が必要なのだと思います。

趣味は自分だけのものでも、自分の世代だけのものでもありません。そのことを意識せず、いつまでも自分がその分野の真ん中にいる「若者」だと勘違いしていると、年下世代からは鬱陶しく思われ、ジャンルを枯らす「老害」とみなされる可能性もあるでしょう。

年下の趣味談義に耳を傾けていると、彼らは彼らで、ろくに知識もないまま大上段にそのジャンルについて論じていたり、過去の名作のことを知りもしないまま現在のコンテンツを神格化していたりすることがままあります。しかし最近の私は、そういった年下世代の発言に出くわしても、「経験の浅いことを言っているな、しかしわざわざ言及するまい」と思って胸にしまっておくことがほとんどです。なぜなら、私が彼らの年齢だった頃も知識の足りないことを主張していましたし、心ある年上の愛好家は、それを見かけたとしてもむやみに咎めず、温かく見守ってくれていたと記憶しているからです。

もちろん、そういった年下世代の空回りをすべてスルーすべきだと言いたいわけではありません。年上で知識のある愛好家として「そこはちょっと違う」と訂正したって構いませんし、もしあなたが「老害」とみなされても構わない覚悟なら、彼らの前に立ちはだかり、乗り越えられ、倒されるべきハードルとして振る舞うことさえ、ひとつの立場としてあり得るでしょう。このあたりは、自分がどのようなスタンスの年上愛好家になりたいのか／なれるのかによって違ってくるでしょうが、どんなときも、「世代や立場が違う人に、その違いを踏まえて対応する」という気持ちは根底にあってしかるべきだと私は思います。

自分が愛したジャンルを引き継いでいる人が間近に存在するというのは、なかなか気持ちの良いものです。たとえば私はゲーム専攻のオタクでしたが、よく知っている年下の人がゲームに夢中になり、コミュニティに参加していくのを見ていると、それだけでかなり満足できてしまいます。ＳＮＳ上で、たくさんの若者がゲーム談義に花を咲かせているのを見ているのも好きです。「文化はこうやって引き継がれていくんだな……」という実感が湧きます。あなたがたにも、そういう境地がいつの日か訪れることでしょう。

第8章

「歳を取るほど虚無」を克服するには

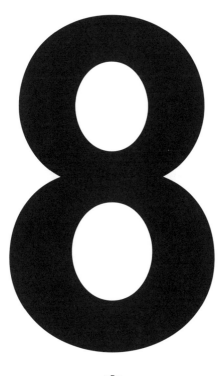

変更不能の人生を生きるということ

第4章で触れたとおり、私が「長く生き続ける」ことにすごみを感じるようになったのは、不惑を迎えた頃でした。

長く生きるというのもなかなか大変なことのように見えます。これから選ぶことや行うことによって人生が決まっていく「若者」とは異なり、中年期以降の「大人」の人生は、これまで選んだことや行ったことに基づいてできていて、その成果も責任も、何もかもを抱えて生きているように見えるからです。その積み重ねの重たさと変更不能性に思いを馳せると、私は「**ああ、彼らは自分より長く生きているのか、私よりもたくさんの結果や歴史を背負って……それでも生き続けているのか!**」と、ただそれだけで一定の敬意を払いたい気持ちになってきます。

若い頃は、やれ、親のせいだ、社会のせいだと、自分の身の不幸や至らなさについて責任転嫁のしようがありました。そういった発想の裏返しとして、良い学校や良い職場に入れればきっと人生が変わるとか、良い出会いがあれば自分の人生は変わるとか、他力本願で根拠の乏しい希望にすがって当座をしのぐこともできました。

しかし、自分の選択を長く積み重ねて、その結果を受け入れ続けて、途中からは完全に自分の足で生きてきた「大人」には、そのような責任転嫁や曖昧な希望の余地がありません。学校を卒業して以降の経歴はそれまでの自分が選んで築きあげてきたもので、大学に入った／企業に就職したら自動的についてくるようなものではありません。学校や職場が人生を変えてくれるのでなく、そこで自分が何を成したかによって人生が変わること、出会いが人生を変えるのでなく、出会ってから相手と成したことによって人生が変わることも、身に染みていることでしょう。そして、何か失敗や選択ミスがあったときには、たとえ誰かが庇《かば》ってくれたとしても、貸しができたり悪評がついたりするかたちで必ず代償が伴い、その代償を自分で引き受けなければならないこともよくわかっているはずです。

それでいて、歳を重ねた人たちは身体的なハンディキャップを伴っています。50代、60代になってくると、体力や気力はもっと衰えてきます。それぐらいの年齢でも十分に健康で、体力や気力を維持しているように見える人は、健康に対して適切なメンテナンスや努力をしてきた人か、遺伝的にたまたま幸運だった人でしょう。それでもなお、20代や30代の頃に比べればいくらか衰えていることは確実です。不摂生を続けてきた人、無理を重ねてきた人、たまたま遺伝的に恵まれていなかった人は、いよいよ健康を失いはじめます。

また、年齢が上がってくると、加齢臭の問題、頭髪の問題、尿漏れなどの問題など、侘《わび》しいけれども無視するわけにもいかない問題が忍び寄ってきます。それでも、多くの年長者はそのことをおくびにも出さず、年齢にふさわしい威厳や尊厳、外観を保っています。そうした外観は、若い頃には不要だったメンテナンスや努力の積み重ねによって維持されているものです。

加えて、人生を軌道修正するための時間やバイタリティは少なくなる一方です。これまでも書いてきたように、中年になってくると自分自身のライフスタイルやアイデンティティは捨てにくくなります。無理矢理に捨てようとすれば、それこそ、第1章で触れたような「中年期危機」とも呼ばれる大脱線に至ってしまうかもしれません。ときには、死別や解雇といった予期しないかたちで危機に直面することもあります。それでも、生きることは簡単にはやめられません。

後先の変更が難しく、メンテナンスが絶えず必要で、やり直しもきかなくなった身の上を生きているにも関わらず、今日《こんにち》の社会では、歳を取ったからといって年下から敬意を払ってもらえることも少ないときています。本当は、彼らが生きて立っているということ自体、若かった頃よりもずっと大変なはずなのに。

中年以降の人生の見通しを思うと、**そういったたくさんの重荷を背負って、それでも生き続けている人たちこそが、まさに人生の偉大な先輩である**という見方ができるのではないでしょうか。

一方で、長く生き続けることの大変さや意味合いについて「若者」のうちから直観するのは非常に難しいということも、数年前までは「若者」側だった人間として理解できます。

なお、年上をすごいと思うようになったからといって、年下がすごくないと思うようになったわけではないことは第5章でも触れたとおりです。それぞれの年頃にはそれぞれの長所や持ち味があって、そのときだからできること、そのときだからやらなければならないことに向き合いながら人は生きています。だから**何歳になっても生き甲斐はあるでしょうし、生きなければならない責務もある**のだろうと、いまの私は思っています。

良いことも悪いこともすべて自分の歴史になる

とはいえ、可能性がだんだん絞られて身体的な衰えも進むなら、「歳を取るとは、結局虚しくて悲しいことでしかない」と思う人もいらっしゃることでしょう。

よく、日本人には「諸行無常」や「もののあはれ」といった感性があると言います。本当にそれらを良いものとみなしているなら、自然界や流行の移り変わりだけを愛でるのでなく、自分自身が生まれ、育ち、老いて、死んでいくことにも同じ考え方を適用してもおかしくないように私は思うのですが、どうやらほとんどの人間は「自分だけは不老不死でありたい」という気持ちを捨てきれないようです。

では、「どうすれば歳を取る=虚しい」を回避できるのでしょうか。

基礎的な条件として、まず健康面に触れないわけにはいきません。精神科医をやっているから感じることかもしれませんが、長期間にわたって健康を損ない続けると、人は簡単に虚しさにとらわれてしまいます。人並み以上の富や名声を獲得した人でも、健康が大きく損なわれれば娯楽も人間関係も失われて、ただ毎日を生きるのに精一杯になってしまい、やがてそのことに疲れてしまいます。いま、若くて健康な人は「日常なんてそう簡単には壊れない」と思うかもしれませんが、歳を取るにつれて、特に健康面から、日常は簡単に壊れてしまうようになっていきます。

そのうえで大切なことは、**自分がこれまで選んできた道を大切にして、その結果をきちんと自分の人生の一部として受け入れながら生きていく**ことです。

「若者」同様に、人生の価値や希望をなんにでもなれる可能性や、なんでもできる可能性にしか求めないなら、なるほど、人間は歳を取れば取るほど価値がなく、希望もない存在とならざるを得ません。

このような価値観しか持ち得ない人は、できるだけ「若者」であり続けようとするでしょうし、結果として「若者」の劣化コピーのような人生を歩み続けようとするでしょう。あるいは「若さ」という可能性にすべてを賭けて、その賭けが失敗に終わって富や名声を手に入れられなければさっさと死んだほうが良い、といった結論にも辿り着くかもしれません。

「可能性＝人生の価値」という考え方は、一握りの成功者と、若さという賭け金がまだ手許にたっぷりある若者には都合が良いものですが、成功者になれなかった人や、若さがどんどん失われている人を容易に虚無へと突き落としてしまいます。
しかし、中年や高齢者の大半は成功者と呼べるほど成功していなくても、まずまずの日常を過ごしています。「人生は虚しい」と思い詰めている人は決して多くはないのではないでしょうか。

人生には、良いと思える日もあれば悪いと思うしかない日もあります。ある人には無意味な選択が、別の人には有意味な選択と映ることもあるでしょう。また、人は変化し続けている限り、黒歴史とは無縁にはいられない存在です。過去の黒歴史を恥ずかしく思うということは、自分が成長したことの証拠にほかなりません。

思い出すと気が重くなる記憶があるとしても、それは虚無ではありません。むしろその痛みは、**自分が生きてきた意味や責任を教えてくれる**ものではないでしょうか。未来の可能性が狭まったぶん、あなたの手許には、かけがえのない時間や可能性を費やして堆積した歴史や軌跡が残ります。それは決して軽いものではありません。

人間である以上、ときには失敗したり間違いをしでかしたりすることもあるでしょう。しかし、良いことも悪いことも、自分の歴史や軌跡として残っていくのです。仏教には、カルマ（業）という言葉がありますが、他人に対して自分の来歴を隠してみせることはできても、自分の記憶や認識から隠してみせることはできません。

実際のところ、他人に対してもカルマはそう簡単には隠せないものです。リンカーンは「40歳を過ぎたら自分の顔に責任を持て」と言ったそうですが、長く生きた人の顔にはそれまでの人生で浮かべてきた表情が皺《しわ》となって刻まれ、身のこなしや言動や持ち物にもその人の価値観や生きざまがこびりついています。ある程度の社会経験と人間についての洞察を持ち合わせている人は、そうしたカルマの痕跡をかなりの精度で見抜いてしまいます。

自分が生きてきた意味や責任は必ず残り、それがカルマとなって蓄積するという考え方は、人生のポジティブな面だけをすくい上げようとする人には馴染まないものかもしれません。しかし、**良い意味でだけ人生が積み重なるなんて、そんな都合の良い話がありますか？**　自分の選択の良いところも悪いところも直視するのは、ときには苦痛を伴うかもしれません。しかし、どちらも自分の人生の一部であり、有意味である以上、「人生は虚しい」などと言っている暇はどこにもありません。

このような視点で人生をとらえるようになって以来、私は「人は、そのときの自分にできる範囲で、なるべく良いことを積み上げていくべきだし、そうするしかない」と思うようになりました。できる限り毎日を良く生きるよう心掛けて、少しでもマシな人生を積み上げる

――そういう意識と実践こそが、人生を虚無から救ってくれるのではないでしょうか。

あなたの歴史はあなたと繋がっている みんなの歴史でもある

こうしたカルマ――自分の歴史や軌跡――は、自分自身というスタンドアロンな単位で完結しているものではありません。自分のカルマと他人のカルマ、自分の歴史と他人の歴史には境界が曖昧なところがあって、それぞれが繋がり合っています。

昭和時代の片田舎で育ち、仏教を信奉しながら生きてきた私から見ると、「自分」という小さな単位で生きる意味やカルマについて考えてしまうことは、西洋的な個人主義に偏重した誤謬《ごびゅう》であるように思えてしまいます。

世界史が、ひとつの国の歴史のみならず、周りの国との関係や出来事の連鎖を念頭に置いてはじめて意味を成してくるのと同じように、個人史も、自分が関わりを持ったいろいろな人との関係や出来事の連鎖のなかで考えるのが本筋ではないでしょうか。

たとえば、イエや一族郎党、地域社会といった単位が健在だった頃は、生きる意味も、幸不幸も、歴史も、とても個人単位で考えられるものではありませんでした。たとえ自分自身が他人から称えられる生き方をしていなくても、イエや一族郎党や地域社会の繁栄がその人個人にとっても有意味でしたし、その逆もまた然りでした。

多くの発展途上国では、一族の誰かが成功すると、その成功を知人縁者に分け合う習慣が悪いものとはみなされていません。**成功や失敗は、その個人のものであるだけでなく、関わりのある者みんなのもの**でもあるのです。よく、アフリカの小国の大統領などが親族を要職につけて、先進国から非難の目を向けられていますが、個人主義が定着する前の社会に住む人々の感覚としては不思議なものではありません。

日本でも昭和時代の終わり頃までは、大都市圏で成功した田舎者が「故郷に錦を飾る」と称して、生まれ故郷になんらかの還元をしようとする姿が少なからず見られました。自分の成功を故郷に還元しようと決めた人々にとって、成功の意味や幸福の意味は、自分自身というスタンドアロンな単位では完結していなかったことでしょう。

むろん、これらは権力者の汚職の温床となったり、個人主義的に生きたい成功者の足を一族の人間が引っ張ったりする原因ともなるものです。また、イエや一族郎党のなかで厄介扱いされる者の悲哀にも思いを馳せなければなりません。

しかし、ここで私が強調したいのは、自分自身という単位で成功や歴史を考えるのと、自分と関係のある人との繋がりのなかに幸福の意味を位置づけるのでは、**モノの見え方も、自分の生きている意味も、歴史のできあがり方も、行動の選択も違ってくるのではないか**、ということです。

私たちが年下世代に対して行ったことは、ときには忘れられるかもしれません。しかし、歴史の蓄積、カルマの蓄積について考えるなら、なくなるわけではありません。たとえ記憶からは消えても、なんらかの影響は残り続けて、未来を形作る一材料になります。それぞれの行いは他人のそれと重なり合いながら、ひとまとまりの歴史となって残り続けます。

個人史も、数人単位の家族関係やコミュニティの歴史も、もっと大きな国や社会といった最大単位の歴史さえすべて繋がっていて、最終的には歴史の大河をかたちづくっています。良い行いも悪い行いもすべて有意味で、大きな歴史の一滴となって堆積していくのです。

私の好きな仏教用語に、「因縁」という言葉があります。

私の理解している範囲で簡単に説明すると、「すべての人、すべてのもの、すべての行いは無限に関連し合いながら過去と現在を作り、それらが未来をも形作っていく」というような出来事の連なりが、「因縁」です。「因縁をつける」という慣用句もここからきています。本来は関連がなかったはずの人同士の間に、ガンを飛ばしたりわざとぶつかったりして無理矢理に関連を生み出すから、それを「因縁をつける」と言うわけです。

この「因縁」の考え方にもとづいて、すべての人のすべての行いが関連し合いながら未来を作っていくと考えても、やはり虚無の存在する余地はありません。なぜなら、**自分の行い、ひいては自分の存在それ自体すら、必ずなんらかのかたちで未来に影響を与える一因子**であり、未来に対して有意味なものだからです。かけがえのない人間関係や人生の大きな決定だけが未来を作るのではありません。電車のなかで誰かに席を譲る行為も、コンビニで何かを買う行為も、大局的に見れば他人の行いと関連し合っていて、未来を作っていくのです。そういう小さなものの積み重なりによって、個人の歴史もみんなの歴史もできています。

この観点で見れば、独りで無意味に生きているように見える人でも無意味には程遠いということになります。誰とも深い関係を持たず目立たないように生きている人でも、たとえば他人に配慮しながら生きているなら、あるいは犯罪に走ってしまうのを堪えて生きているなら、それはそれで、その人なりに「因縁」のなかで最善を尽くしていると言えます。

生きるとは、いくつもの可能性のなかから選ばれなかった未来を喪失していくことであると同時に、**選択によって生じたカルマや「因縁」が積み重なり、新たな歴史を紡いでいく**ことでもあります。なすべきことをなしたと思っても、なすべきことをなさなかったと思っても、否応なく歴史は積み重なっていきます。だから、そのときの自分にとっていちばん良いことを、自分の良心と照らし合わせて恥ずかしくないように積み重ねることが、その人に可能な最善の生き方なのだと私は信じています。そのときどきの自分にとってのベストを積み重ねて、みずからの歴史としながら生きているのなら、虚無など感じずに自分の人生を肯定することができるのではないでしょうか。

人生のバランス配分は人それぞれだが

だから、自分の人生を一番良いように積み重ねている限りにおいて、どう生きて、どう歳を取っていくのかは、究極的には人それぞれと言わざるを得ません。

「大人」をやってのける方法も、その程度も、人によってまちまちでしょうし、まちまちであるべきなのです。第三者から見て大人気ないことこの上ない中年が、主観的にも能力的にも、その人自身にとってぎりぎりまで「大人」を実践しようと努めていることは往々にしてあります。そのような「大人」の実践を当人自身は大事にすべきですし、第三者が非難がましく見る場合にも、内心においては「あの人にとっては、それが精一杯の『大人』のつとめなのかもしれない」と思っておくべきなのでしょう。

しかし、個々人にとってどの程度までが実践可能な「大人」の水準なのか、どこまでが自分にできて、どこからが自分にできないのかを見積もることは困難です。

若い人にとって自分自身の可能性を見積もることが難しいのと同様、中年にとって自分に何ができて、何ができないのかを評価するのも簡単ではありません。自分への過大評価がすぎればあまりにも多くのものを背負いすぎて心身を損ねてしまうかもしれませんし、過小評価がすぎればもったいないかもしれません。

年少者や年長者の世話にどこまで没入して良いのか？

どこまで趣味に人生を捧げるのがちょうど良いのか？

世渡りの巧い人は、こういったことを言葉にするまでもなく自然に判断し、実践しているものです。しかし、そうでない人にはこれがなかなかの難題で、調整に苦慮することがあります。

人生は見えない的に向かってダーツを投げるようなもので、百発百中というわけにはいきません。その都度、自己評価を完璧にやってのけて、ぎりぎりのベストを選択し続けることも不可能です。人はしばしば自己評価を誤り、そのせいで選択を誤ったり後悔したりもします。それは仕方のないことです。

しかし、自己評価の誤りが長く続くと、人生に禍根を残すほどのダメージになることがあります。それは「若者」でも「大人」でも変わりません。「自分探し」を続けすぎて中年へのシフトチェンジが遅れた「若者」も、職場や家庭の人間関係をぞんざいにし続けた「大人」も、**それが10年単位で続けば後で取り返しのつかないほどの損失や遠回りをもたらす**ことでしょう。

その点、誤りに早く気付くだけの察知力がある人ほど、そして微調整も含めた修正を施すだけの意志や能力を持った人ほど、人生はコントローラブルで軌道修正しやすいものになりますし、何かトラブルに直面したときにも、少ないダメージで済ませられます。

こうした自己評価や人生の軌道修正に対する察知力や判断力の仕組みは謎に包まれていて、高学歴でＩＱが高くても駄目な人はとことん駄目で、低学歴でＩＱが低めな人でも抜け目のない人は本当に抜け目がなく上手にやってのけるものです。世間の人々の言動を年単位で観察していると、こうした能力に恵まれないまま、小回りもコントロールもきかずに人生を歩んでいる人の軌跡を見てとれることがあります。そうした苦悩の軌跡を目の当たりにする限り、どんな風に生きていくのであれ、状況や都合にあわせて軌道修正をかけていくだけの察知力や判断力はあったほうが良いように思われます。

異なる世代との接点が他人への敬意を磨く

なら、そんな謎めいた察知力や判断力はどうすれば磨けるのでしょうか。

世渡りの下手な人を観察している限りでは、「難しい本を読めば良い」「どこかのセミナーに出席すれば良い」といったものでないようです。

可能性があるとしたら、**自分よりも長く生きている「うまいことやっている人」と接点を持ち、彼らからいろいろなことをじかに学ぶ**ことです。

ここでいう「うまいことやっている人」とは「社会的に成功している人」とイコールであ

るとは限りません。たとえば、マイルドヤンキーな少年少女が地域の同じような年長者から処世術を学んでいったり、慢性の病気にかかった患者さんが同じ病気の年上の患者さんから病気との付き合い方を教わっていったり、子育てしながら活動している年上のオタクの趣味生活をこれから結婚するオタクが模倣していくなどといった例を含みます。

人生の処世術を自分の思考や経験だけで編み出していくのはほとんど困難です。インターネットを使えば解決のヒントが得られるように思えるかもしれませんが、個人がインターネットで捕まえられる情報はその人が既に知っていることや、その人の価値観から遠くないものでしかありません。なぜなら、**あなたがフォローする相手も、あなたが検索するワードも、結局、あなたが既に知っているものしか選びようがない**からです。

だから、ナマの人間から情報やノウハウを手に入れられる関係、それも少し人生経験が長い人から学べる関係があったほうが、人生についての察知力や判断力は磨きやすくなります。行動範囲や交際範囲が広がって、認知機能も十分に発達してきた思春期以降は、そのような人間関係を持てるか持てないかが、処世術の獲得スピードを大きく左右するでしょう。

他の世代とコミュニケーションしていくのは、年上が相手でも、年下が相手でも、決して簡単とは言えません。何度も書いているとおり、歳が離れているぶん、世代や価値観も立場も違っているからです。

それでも、相手に対して敬意をもって接する姿勢があればコミュニケーションの成功確率は上がります。年上や年下に敬意を持つためには、年齢に関わらず「自分の世代が一番」という考え方に溺れることなく、異なる世代にはそれぞれの事情や立場があり、本章の頭で述べた「すごさ」を誰もが抱えていること、それぞれの人生にはそれぞれの歴史があることを意識しておくべきでしょう。そういった捉え方こそが「人間に敬意を払う」ということの源泉だと思います。

敬意は、欠けていても満ちていても相手に伝わりやすいものです。敬意を持つという習慣自体も、ほかの世代との接点を持っていれば、磨くチャンスがたくさん得られることでしょう。反面教師ではなくリスペクトに値するような年上／年下と数多く接していれば、なおのこと精度は上がっていきます。他人に敬意を持って生きていく習慣は、あなたの性別や職業やライフスタイルに関わらず大切にするべきものです。確実に、歳を取っていくうえでの助けになります。

生きて歴史を重ねることは難しくも素晴らしい

つべこべ書いてきましたが、この本に書かれている「大人」を、どうか、あまりにも真っ直ぐには捉えすぎないでください。**「大人」は、「かくありたい」ものではあっても「かくあらねばならない」ものではない**のです。

人はみな、それぞれの事情と歴史のなかで最善を尽くしていて、それぞれ固有の人生を歩んでいます。持って生まれた才能や運命にも大きな個人差があります。だから、誰もがお手本どおりに「若者」を終えて「大人」を始められるとは考えないでください。

そもそも、筆者である私にしたって、この本に書いた「大人」を１００％実践できているかといったらそうでもありません。私個人にできるのは、できるだけ良く歳を取っていきたいと願いながら、いまの自分にできること、いまの年齢にこそふさわしいことを実践していくことだけです。

世の中には、「大人」を目指したけれども途中で力尽きた人、その日その日を生きるのに精一杯で周囲の事情なんて考えていられない人、社会のためや会社のためと言いながら年下を食い物にしてしまう人もいます。

そういう人は、特に年下世代からは非難されることを避けられないでしょうし、実際に、年下世代には年上世代を非難する資格があると思います。

ただ、あなたがたが年上世代を非難する立場にあったとしても、どうか忘れないでください。年下世代を食い物にしているようなおじさんおばさんですら、そうせざるを得ない諸事情や背景、歴史があって、おそらく身動きとれなくなっているのだろうということを。そして、人生の積み重ね方次第で誰だってそうなってしまう可能性がゼロではないということを。

人生とは一寸先は闇で、昨日まで立派に「大人」をやっていると目されていた人が、明日にはさんざんに非難されることすらあるのが現実の過酷なところです。あなたにしたって、未来の「老害」にならないとは限りません。

すべての人に一律に敬意を捧げるのは不可能ですし、晩節を汚している年長者に対して慈悲の心が持てないこともあるでしょう。しかし、その年上の誰かにも相応の事情や歴史があることと、その人も長く生きたひとりの人間であることを、どこかで覚えておいてください。

子どもも若者も、中年も高齢者も、生きるというのは大変なことです。そして素晴らしいことでもあります。まだ人生経験が浅いのに頑張っている人も、人生経験が長くて歴史を引きずって生きている人も、たいしたものですし、まずそこの部分に最低限の敬意を抱く余地があるように私は思います。

私は、あなたには他人の立場や事情を尊重できる、そのような「大人」になっていってほしいと願っています。しかし、そうでない「大人」になっていったとしても、それはそれで人生です。どうか健やかに生きてください。あなたの世代のみならず、すべての世代の人に幸いあれと祈念して、この本の結びとさせていただきます。

おわりに

あなたは、未来の自分宛てに、手紙を書いてみたことはありますか？

私には子ども時代からちょっとした奇癖があって、作家や専門家が書いた本を繰り返し読むのと同じぐらい、過去の自分が書いた文章を読み返すのが好きです。中学生時代に書いたロールプレイングゲーム攻略のための記録や、大学の単位取得のために提出したレポートなども保存してあって、いまでもたまに読み返しています。私が書籍やブログを書きたがる理由の一端には、「あとで読み返せる自分用のアーカイブを残すこと」にあるように思います。

そんな私ですから、未来の自分が必ず読み返すことを想定して、未来の自分宛てに手紙を書くようにもなりました。この本を書くことが決まったときも、40歳になった未来の私に向けて書いた30歳の頃の私の手紙を思い出し、ハードディスクの奥底から探し出して久しぶりに読んでみました。

手紙を通して、30歳の私が蘇ってきました。まだ思春期らしい自意識を残していて、新しい知識やコンテンツに貪欲な私が、未来の私に向かって「俺のことをナメてんじゃないぞ」「30歳の頃の私の意見に耳を傾けるんだぞ」と、一生懸命に書き綴っている姿があって、うわ、これをネットに公開していたらすごい黒歴史になっただろうな、と微笑まずにいられませんでした。

未来の自分自身に対してまで、精一杯に「ナメてんじゃねえ」とか書いている30歳の自分がおかしくてたまらないと同時に、当時の私は、そういう自意識を本当に持っていたんだというこことをしみじみと思い出しました。と同時に、インターネット上やSNS上でいままさに、勢いの乗りまくった黒歴史を書き綴っている20代〜30代の人々の姿がダブって見えて、「お前ら、その文章を保存しておいて、10年後の自分自身に読ませるんだぞ、〝最高の思い出〟になるからな、絶対だぞ！」とも思いました。

この本を手に取った皆さん、いまの自分が書き込んでいるSNSのログは大切に保存しておいてください。そこに、未来の自分に向けて書き綴った手紙を添えておけば完璧です。それらは絶対にいましか書けないものです。過去の自分が書き綴ったものを読み返すと当時の自分とコミュニケーションすることができて、驚きが待っていることでしょう。その体験は自分が選んできた道や歩んできた歳月を鮮明にしてくれます。

この本は、思春期の心境がだいぶ遠のいて、中年の心境にだいぶ慣れてきた私が、これから中年になっていく人たち、これから「若者」をやめて「大人」が始まっていく年齢の人たちを想定読者として書きました。中年だって悪くないし、「大人」には「大人」の良さがあり、いま、あなたがたが思っているほどには悪くないですよ、というメッセージはどれぐらい届いたでしょうか。

「若者」とはちょっと違った「大人」のメリットやアドバンテージは、いまだにテレビやインターネット上では語られることが少ないように思います。そのためか、「若者」どころか「大人」自身ですら、「大人」のメリットやアドバンテージを認識できていない人もいます。それは人生の認識としてはアンバランスですし、とてももったいないことだと思うので、こうして「若者」をやめて「大人」を始めることについての本を作ってみた次第です。

ただそれだけではなく、未来の私に現在の私の気持ちを書き残したくて書いたという側面も否定はできません。

私はこの本に43歳時点の、嘘偽りのない気持ちを書き綴りました。ということは、50代の私から見れば、相当に青臭くて、肩に力が入ったことを書いている可能性が高いと想像されます。ちょうど30歳の頃の私の文章を、私がいま読むと苦笑せずにはいられないのと同じように。この本は、10年後の私から見て、黒歴史として記憶されることでしょう。私はいま、すごく恥ずかしいことをやっているのです。

そのかわり、中年になってある程度時間が経ったひとりの人間の、この年齢で見えてくる心象風景は正直に書けたつもりです。この本は、40代前半のいまのうちでなければ書けないものでしょう。もしも50代の私が書こうとしても、歳月によって変わってしまった未来の私は、こんな風には書けなくなっているはずです。

「大人」に慣れはじめてきた自分の心境を、「大人」の手前で迷っている人に伝えるならいましかない！　というまさにそんなタイミングで、イースト・プレスの年下の編集者・方便さんから執筆のお誘いをいただき、こんな風にまとめる機会をいただきました。「若者」が終わってしまうことに戸惑っている人や、そのことを認めたくない人に、これまでとは違ったモノの見え方をお届けできたとしたら、この本は成功です。

この本に書かれていることは、極めて主観的なことなので、誰もが必ずこのような気持ちになるとは限らないし、なったとしても、その時期にプラスマイナス10年ほどのズレがありそうにも思います。

それでも、歳を取り、歴史がだんだん積みあがっていくという法則はすべての人間に当てはまるものですし、誰もがいつかそのことに気付きます。だから、この本に書いてあることのいくらかは、30代~40代のどこかで高確率で自覚し、通りすぎるものだろうと私は想定しています。おそらく、50代や60代にもなれば、また違った自覚が生まれてくるのでしょうけれど。

あなたはいま、「若者」をやるのに大忙しな時期かもしれませんし、そろそろ「大人」を始めようとか、始めるべきかどうか考え込んでいる時期かもしれません。どちらにせよ、それらはいましかできないことで、いずれできなくなることでもあります。

だからあなたは、いまという瞬間を大切にしながら、これからやって来る未来に向かって目を開いておいてください。そしてこれから過去の自分になっていくいまの自分を大切にしてください。人間が自分の行いの積み重ねや歴史から逃げられないのだとしたら、一瞬一瞬の出来事や行いを大切に積みあげて、少しでも未来の自分にとって良いようにやっていくしかないじゃないですか。

私にとって、この本をこの年齢で書くことが必然なのと同じように、あなたにも、いまの年齢で、いまだからこそやっておいたほうが良い必然的な物事はきっとあると思います。いま一生懸命に取り組むに値することにきちんと取り組み、少し先の人生のステージにも思いを馳せて、身の回りにいる年上の人を参考にしていれば、そうそう悪い歳の取り方になるとは思えません。それでいて、知識として「大人」について一定の見通しを知っておけば、自分に「大人」がいよいよ到来したときにもうろたえにくく、「大人」のステージだからこそできること、やらなければならないことに取り組みやすいはずです。

人生のシフトチェンジのタイミングは人によって違いますが、性急になりすぎても、いつまでも遅らせてもいけないのだと思います。そのためにも、いまなすべきことを、おろそかにしないでください。

カルマを積み重ねて未来を作りあげるのは、私でも、あなたの親でも、世間の価値観や時代の空気でもありません。ほかでもない現在のあなた自身です。どうか現在を大切に積みあげて、ときどき未来のことも考えながら、あなただけの歴史を、あなたにとって愛すべきものにしていってください。この本の筆者としていちばん伝えたいのは、たぶん、そういうことなのだろうと思います。

熊 代 亨
Toru Kumashiro

1975年生まれ。信州大学医学部卒業。精神科医。専攻は思春期／青年期の精神医学、特に適応障害領域。ブログ『シロクマの屑籠』にて現代人の社会適応やサブカルチャーについて発信し続けている。著書に『ロスジェネ心理学』『融解するオタク・サブカル・ヤンキー』(花伝社)、『「若作りうつ」社会』(講談社現代新書)、『認められたい』(ヴィレッジブックス)がある。

「若者《わかもの》」をやめて、「大人《おとな》」を始《はじ》める
「成熟困難時代《せいじゅくこんなんじだい》」をどう生《い》きるか？

2018年2月15日　初版第1刷発行
2020年1月15日　第2刷発行

著　者：熊代亨《くましろとおる》

装　画：Colliu
装　丁：森敬太（合同会社 飛ぶ教室）
DTP：臼田彩穂
編　集：方便凌
発行人：北畠夏影
発行所：株式会社イースト・プレス
東京都千代田区神田神保町2-4-7 久月神田ビル
TEL：03-5213-4700　FAX：03-5213-4701
https://www.eastpress.co.jp
印刷所：中央精版印刷株式会社 Printed in Japan

ISBN 978-4-7816-1638-4 C0095